IL GRANDE LIBRO DEL

MACRAMÈ

·················· 3 LIBRI IN 1 ··················

La Guida Definitiva Illustrata per Imparare 36
Tecniche di Annodatura. Realizza
45 Progetti per Decorare la Tua
Casa e Creare Bellissimi
Accessori.

MACRAMÈ ART

IL NOSTRO OBIETTIVO

Macramè Art ha insegnato il macramè a migliaia di persone in tutta Europa, dalle lezioni private ai seminari splendidamente curati.

Il nostro obiettivo principale non è solo quello di condividere l'amore per questo semplice mestiere, ma anche di ispirare le persone a diventare le versioni migliori di se stesse.

SOMMARIO

LIBRO 1: MACRAMÈ MODERNI

INTRODUZIONE **13**

CAPITOLO 1: L'ARTE DEL MACRAMÈ **14**

Benefici Del Macramè.. 15

Cosa Posso Produrre Con Il Macramè? 16

Consigli Per Principianti 17

CAPITOLO 2: STRUMENTI E MATERIALI...............................**18**

Materiali Naturali 18

Materiali Sintetici... 18

Selezione Del Cavo... 19

Misurazione Del Cavo... 20

Preparazione Del Cavo 21

Aggiunta Di Cavi.. 22

Strumenti Utilizzati.. 23

CAPITOLO 3: DIVERSE TECNICHE DI ANNODATURA......... **25**

Nodo Cappuccino... 25

Nodo Corona.. 28

Doppio Nodo Diagonale... 32

Nodo Chiacchierino 36

Doppio Nodo Orizzontale... 40

Nodo Josephine 42

Nodo Testa Di Allodola 44

CAPITOLO 4: PROGETTI MACRAMÈ PASSO DOPO PASSO.... **47**

1.Corridore Da Tavolo.. 48

2. Pendente Con Ciondolo 55

3. Sandali A Piedi Nudi 67

4.Copricuscino 70

5. Portacandele In Macramè 75

6. Ghirlanda Con Frange 80

7. Cesto Rotondo A Spirale 83

8.Borsa In Macramè 90

9.Piume In Macramè 93

10. Grande Tenda In Macramè 97

11. Lanterna/ Lampadario In Macramè 100

12. Scaffale In Macramè 106

13. Moderna Fioriera In Macramè 110

CONCLUSIONE **113**

LIBRO 2: LIBRO DI NODI MACRAMÈ

INTRODUZIONE **110**

CAPITOLO 1: NODI DI BASE DEL MACRAMÈ **113**

Nodo Quadrato 114

Mezzo Nodo 115

Nodo Di Gancio 115

Gancio Verticale 117

Mezzo Gancio Diagonale 117

Nodo Ad Anello 118

Nodo Testa Di Allodola 118

Nodo Testa Di Allodola Inverso 119

Nodo Quadrato Alternato 120

Nodo Del Vento 121

Nodo A Barile 121

Grande Nodo Barile..122

Nodo A Spirale..122

Nodi Di Collegamento...123

Nodo A Bordo Chiaro..123

Nodi Di Montaggio..124

Nodo Avvolto..125

Nodo A Mezzo Punto Doppio..126

CAPITOLO 2: NODI MACRAMÈ AVANZATI 127

Nodo Della Catena...128

Nodo A Catena Doppia...129

Nodo Sennit – Quadrato...130

Nodi Di Bloccaggio..130

Nodo Fiocco Di Neve...131

Attacco A Garofano..133

Nodo A Triangolo..134

Nodo Della Brocca...135

Nodo Celtico Quadrato...135

Nodo Di Salomone...137

Nodo Picot..138

LIBRO 3: MACRAMÈ FAI DA TE

PROGETTI 140

Foglia Da Parete O Portachiavi...142

Sottobicchiere In Macramè 144

Mensola Sospesa In Macramè..146

Luci A Sospensione In Macramè..148

Lampadario In Macramè..150

Amaca A Sedia...152

Portachiavi Intrecciati In Macramè..155

Portavaso In Macramè 158

Paralume In Macramè 162

Gufo In Macramè 165

Ciondolo Della Collana In Macramè 168

Specchio Macramè 171

Imbracatura Da Yoga In Macramè 174

Grande Decorazione Da Parete In Macramè 176

Braccialetti In Macramè **179**

Bracciale In Corda - Nautico 179

Bracciale Dell'amicizia 181

Bracciale A Spirale In Macramè 183

Bracciale Di Scarti Di Tessuto 186

Sottopentola In Stile Scandinavo 187

Orecchini Macramè 191

Portachiavi In Macramè 196

Acchiappasogni In Macramè 198

Tenda In Macramè 201

Boho Macramè Appeso Al Muro 204

Sedia Da Giardino In Macramè 212

Segnalibro In Macramè 221

Collana Di Filato Di Maglietta 223

Cinturino Per Macchina Fotografica In Macramè 227

Spilla In Macramè 230

Farfalla In Macramè 232

Borsa Per Prodotti In Rete 235

Cinturino Orologio Da Polso 238

CONCLUSIONE **241**

MACRAMÈ MODERNI

Una Guida Completa Passo dopo Passo per Principianti con Oltre 160 Illustrazioni. 13 Progetti Moderni e Idee Creative per Rendere la Vostra Casa Unica.

MACRAMÈ ART

INTRODUZIONE

L'utilizzo dell'arte del macramè è un modo perfetto per realizzare il sogno di poter decorare casa propria con il proprio impegno e la propria arte, la quale dovrebbe raccontare tutto di sé e della propria personalità. Con così tante opzioni possibili nella creazione di oggetti prodotti con i nodi del macramè, non c'è dubbio che troverete tutto ciò che si adatta alla vostra personalità e al vostro stile. Ogni creazione che troverete nei capitoli successivi sono uniche nel loro genere, e sicuramente delizieranno il vostro visitatore la prossima volta che entrerà in casa vostra. Ora so che la maggior parte di voi pensa al macramè che facevano le vostre nonne. Se si pensa al macramè, la prima cosa che viene in mente sono gli appendiabiti per piante dei primi anni '80. Oggigiorno ciò che può creare con il macramè è qualcosa di impensabile, infatti vi è una vasta scelta di ciò che si può produrre; dagli arredamenti di casa a quelli del giardino. Buona lettura!

CAPITOLO 1: L'ARTE DEL MACRAMÈ

Il macramè è il modo di realizzare tessuti che utilizzano i nodi al posto delle tecniche di lavorazione a maglia o di tessitura. Questa arte venne anche utilizzata dai marinai per decorare gli oggetti sulle loro barche ed è spesso usato per fare scarpe, contenitori, coperte, appendiabiti per le piante, appendiabiti per le pareti, ecc.

Solitamente, il camoscio e la pelle scamosciata sono utilizzati per fare braccialetti dell'amicizia e cinture (sempre più frequente). C'è un'enorme varietà di varianti di nodi o metodi di nodi usati per il macramè, come ad esempio insieme il mezzo nodo, nodo quadrato, il nodo testa di allodola, il nodo a spirale, ecc. Si possono realizzare inoltre molti modelli diversi, in base all'uso dei nodi e al modo in cui vengono utilizzati singolarmente o in combinazione con altri. I nodi sono fondamentalmente disponibili in diversi spessori che vanno da .5 a 8 mm. Un progetto è più facilmente lavorabile su una tavola di macramè piatta; viene realizzato con i perni a T, che aiutano a disporre gli schemi dei nodi. C'è una vasta gamma di colori, tessuti e forme di cavi adatti all'uso del macramè, alcuni sintetici e altri naturali (acquistabili tranquillamente in ferramenta, artigianato, bricolage, negozi di cucito e ricamo). Il materiale scelto dovrà essere determinato da ciò che si vorrà produrre, quindi è bene avere in mente le idee chiare e disporre di tutto il materiale necessario prima di iniziare un progetto.

Nel corso del tempo, il Macramè si è diffuso in Oriente e in Europa, grazie anche ai marinai e ai mercanti di mare che praticavano l'arte del nodo a scopo decorativo e di resistenza. I metodi macramè sono stati utilizzati fin dai tempi oscuri per gestire i gioielli da lutto nei propri capelli, una pratica che si è protratta fino al XIX secolo. Durante l'epoca vittoriana il macramè era un passatempo molto amato ed elegante, utilizzato per pizzi, merletti, dettagli decorativi e abbigliamento.

Gli anni Sessanta e Settanta hanno visto una rinascita dell'attenzione per l'artigianato, producendo con questa tecnica appendiabiti da parete, accessori e gioielli.

BENEFICI DEL MACRAMÈ

Anche se molti pensano che sia solo un passatempo, il macramè ha un effetto positivo sulla persona e sulla mente, data dall'intrecciamento delle corde e dei nodi.

Alcuni aspetti positivi sono:

- Miglioramento delle capacità mentali
- Rinforza le braccia e le articolazioni
- Migliora la messa a fuoco dell'occhio
- Calma il cervello

COSA POSSO PRODURRE CON IL MACRAMÈ?

- Porta piante
- Gioielli come collane per girocollo o bracciali
- Tavolo da pranzo
- Amaca
- Decorazioni per apparecchi di illuminazione
- Tappeti
- Decorazioni per giardino
- Cinture
- Cinturini per orologi
- Bracciali
- Ghirlande

Questi che vi ho appena elencato sono solo una piccola parte di ciò che si può creare veramente.

Una volta che hai il tuo progetto/modello saprai esattamente quanta corda acquistare.

Posso raggiungere questo obiettivo?

Assolutamente sì!

CONSIGLI PER PRINCIPIANTI

Uno degli aspetti migliori di questo viaggio è condividere la propria esperienza! Non essere troppo duro con te stesso. Lasciate che la vostra immaginazione prenda il sopravvento, e vi ritroverete con un prodotto bellissimo. Ecco alcuni dei consigli:

1. Studiate i semplici nodi della corda di canapa, perché è veloce da affrontare e facile da rimuovere.

2. Usate la corda di nylon per i vostri primi disegni di gioielli, piuttosto che la seta, fino a quando non avrete i semplici nodi di macramè. La rimozione degli errori di annodatura è ancora più semplice.

3. Create una scheda di progetto di base che può essere utilizzata come spazio di lavoro.

4. Attaccare un nodo solo all'estremità della corda per evitare che esse si sfilaccino.

5. Si può anche usare dello smalto trasparente alle estremità delle corde per evitare che si sfilaccino, e questo irrigidisce anche le estremità,

6. Risparmiate i pezzi di corda in eccesso per imparare nuove cravatte.

7. Per il vostro pezzo, il segreto per un look finito è l'annodatura standardizzata. La pratica rende le cose perfette!

CAPITOLO 2: STRUMENTI E MATERIALI

Esistono diversi tipi di materiali, che possono essere classificati in due tipi: materiali naturali e i materiali sintetici.

MATERIALI NATURALI

Le qualità dei materiali naturali differiscono da quelle dei materiali sintetici, e conoscere queste qualità vi aiuterà sicuramente a farne un uso migliore. I materiali naturali oggi esistenti sono la iuta, la canapa, il cuoio, il cotone, la seta e il lino. Ci sono anche filati realizzati con fibre naturali (fatte da piante e animali).

MATERIALI SINTETICI

Come i materiali naturali, anche i materiali sintetici sono utilizzati nei progetti di macramè. Le fibre dei materiali sintetici sono realizzate attraverso processi chimici. I principali sono il cavo di perline di nylon, l'olefina, il cavo di raso e la corda del paracadutismo.

Altri esempi di tessuti che possono essere utilizzati nel macramè sono costituiti da:

- Nylon
- Rayon

- Cotone cerato

- Seta

- Canapa

- Coda di ratto

- Pelle

- Lana

- Filo per uncinetto

- Pelle scamosciata

Mentre si decide un materiale da utilizzare per un compito è necessario pensare ai pezzi finiti, e come questi dovrebbero essere utilizzati. I fili rigidi e densi non sono sempre l'opzione giusta per il design di gioielli, ma possono essere adatti per una borsa della spesa; non deve sopportare qualsiasi massa, non si deve strappare o consumare rapidamente.

Uno stile di gioielleria realizzato con il delicato cavo di cotone, per esempio, sarebbe più leggero, più liscio e più sicuro rispetto all'utilizzo di pelle dura e spessa. Una cosa da ricordare sulla lunghezza delle corde è quanto sia semplice utilizzarle. Corde più spesse possono essere più semplici da utilizzare perché, nel caso in cui risulterebbero sottili, i nodi farebbero fatica a rimanere nel loro posto. Le corde leggere possono lavorare in modo difficoltoso e doloroso, ma il prodotto finale può essere fantastico e accurato.

SELEZIONE DEL CAVO

Se siete nuovi al macramè, come lo ero io, potreste avere difficoltà nella scelta della corda. In queste sezione approfondiremo il tema delle corde.

Cominciamo con la descrizione di cosa sia la corda di macramè.

La corda di macramè è un gruppo di fibre/fili intrecciati che vengono poi utilizzati, attraverso nodi, per la realizzazione di progetti.

Andremo a vedere adesso diversi tipi di corda; in questo modo potrete scegliere la corda giusta per i vostri futuri progetti di macramè.

I tre tipi principali di corde di macramè sono:

- Trecciati: La corda intrecciata o anche chiamata corda di macramè è la corda standard di macramè. È importante che i principianti inizino con questo tipo di corda intrecciata, essendo il modo più semplice ed economico per iniziare. Di solito è disponibile nella maggior parte dei negozi specializzati.

- 3 strati/3 fili: la corda a 3 fili, o strati, viene utilizzata per progetti che richiedono un supporto di peso notevole.

- Filo singolo: Il filo di cotone a filo singolo è di gran lunga la migliore forma di corda di macramè da utilizzare. Viene utilizzato per progetti di piccole e medie dimensioni.

MISURAZIONE DEL CAVO

Prima di intraprendere un progetto di macramè è essenziale determinare la quantità di cui si ha bisogno. Quindi bisognerà sapere la lunghezza della corda richiesta e il numero totale di materiali da acquistare.

Attrezzatura: per misurare avrete bisogno di carta per scrivere, matita e metro.

Per progetti di medie dimensioni è consigliato utilizzare almeno 8 volte la lunghezza del progetto. Quindi se il vostro progetto sarà per esempio 50 cm di altezza, dovrete utilizzare 4 metri di corda.

Per progetti che hanno poche linee orizzontali o diagonali non necessitano di corde lunghe.

È consigliato aggiungere almeno un 30/40 cm di corda in più per progetto. Se nel caso in cui, a fine progetto, vi accorgerete che avrete una rimanenza di corda, lasciate essa da parte per lavori piccoli, come frange, ecc. Tutto va riciclato, nulla va buttato via.

Attenzione: più spesso sarà il cavo utilizzato e più lunga dovrà essere la misura della corda.

PREPARAZIONE DEL CAVO

Anche se raramente viene sottolineato e spiegato, la preparazione dei cavi nei progetti Macramè è uno dei pilastri fondamentali di questa arte. A volte, processi specializzati come per esempio l'irrigidimento dei cavi devono essere eseguiti prima che i progetti Macramè possano essere avviati. Di solito la preparazione dei cavi consiste nel tagliare le estremità di essi e di evitare che queste si srotolino nel corso del progetto.

Prima di iniziare il vostro progetto, se non preparate in modo appropriato particolari tipi di cavi è probabile che quel cavo si stacchi, distruggendo efficacemente il vostro progetto.

Ergo, la preparazione del cavo è estremamente importante per il successo di qualsiasi progetto Macramè. La preparazione di ogni cavo deve essere fatta prima di fare qualsiasi nodo.

Gli esperti consigliano di strofinare la cera d'api lungo la lunghezza del cavo. Per migliorare il cavo, prendete semplicemente un po' di cera d'api, lasciatela riscaldare un po' nelle vostre mani e strofinatela lungo la lunghezza del cavo. In questo modo si eviteranno riccioli indesiderati su esso. Si noti che la cera d'api può essere applicata sia su materiali naturali che sintetici. Fatto ciò, arriva il processo effettivo di preparazione del cavo; possono essere preparati con l'uso di una fiamma, un nodo o della colla. Questa operazione viene fatta per evitare che le due estremità si sfilaccino.

Sarà sufficiente tenere le due estremità sul fuoco per 2-5 secondi. Assicurarsi che il cavo non si incendi, ma si sciolga.

La colla è un'altra alternativa di grande valore che può essere usata per prevenire lo sfilacciamento delle corde all'estremità. Per preparare il cavo, basta strofinare la colla sulle estremità del materiale e lasciarla asciugare.

AGGIUNTA DI CAVI

Durante i progetti Macramè, ci si troverebbe continuamente di fronte alla necessità di aggiungere una corda ad una corda esistente o a qualsiasi altra superficie come un anello o un tassello. Il processo di aggiunta di cavi alle superfici è solitamente chiamato montaggio. Per aggiungere altre corde ad un tassello (o anche ad un anello), la tecnica da utilizzare è il nodo testa di allodola. Quando si aggiungono corde a quelle già esistenti in uso, tuttavia, è essenziale che vengano integrate nel design complessivo. Per evitare l'asimmetria del disegno è anche fondamentale aggiungere un numero uguale di corde ad entrambi i lati in alcuni progetti. È anche essenziale evitare vuoti quando si aggiungono nuove corde.

È possibile aggiungere corde nuove a quelle già esistente utilizzando il nodo quadrato e il nodo sopraelevato. Altre tecniche utilizzate per l'aggiunta di corde sono il nodo a diamante e il nodo a triangolo.

STRUMENTI UTILIZZATI

Lavagna per progetto

Una lavagna per il montaggio di un progetto è un dispositivo principale necessario per il macramè. La lavagna è l'area di lavoro in cui tutto viene messo in sicurezza. Nei negozi d'arte si possono trovare tavole con le indicazioni di montaggio e le indicazioni di montaggio scritte sui frontali. Una lavagna di progetto può quindi essere resa incollando insieme o utilizzando fogli di sughero espanso. La tavola può essere adatta per un progetto in macramè, purché sia sufficientemente spessa da evitare che i chiodi sporgano dal retro.

Chiodi a T

I chiodi servono a fissare delle corde per evitare che il progetto venga disfatto.

Modello

Molte cose possono essere create con il macramè, dalle borse alle cover per cellulare. Il modello è uno strumento pratico che fornisce delle indicazioni step by step sui nodi da adoperare, direttive per il calcolo di qualsiasi oggetto e le linee guida per l'assemblaggio finale.

Forbici

Un paio di forbici affilate decenti potrebbero essere utilizzate per tagliare correttamente i fili. Ci sono diverse dimensioni e impugnature comfort. Prendete in considerazione l'acquisto di una forbice con una guaina protettiva per le lame.

Pinzette

Un altro dispositivo utilizzato per la funzione di decorazione è la pinzetta. È possibile utilizzare un paio di pinzette per aiutare i fili di buon nodo tra le perline.

Aghi

Gli aghi vengono utilizzati per l'allineamento del prodotto finito e per la perforazione. A seconda dell'inclinazione si usano aghi smussati o ad arazzo e aghi ciniglia o appuntiti.

CAPITOLO 3: DIVERSE TECNICHE DI ANNODATURA

NODO CAPPUCCINO

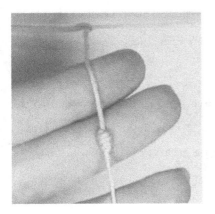

Questo nodo va bene per qualsiasi progetto, e può essere usato per la base del progetto. È opportuno utilizzare un cavo leggero per questo tipo di nodo; può essere acquistato presso i negozi di artigianato o online.

Questo nodo va bene per qualsiasi progetto, e può essere usato per la base del progetto. È opportuno utilizzare un cavo leggero per questo tipo di nodo; può essere acquistato presso i negozi di artigianato o online.

Guarda le foto con molta attenzione mentre ti muovi con questo progetto, e prenditi il tuo tempo per assicurarti di usare un cavo giusto nel punto giusto del progetto.

Non abbiate fretta e assicuratevi di avere una tensione costante nel cavo. La pratica ti renderà perfetto, ma, con le illustrazioni presenti vi accorgerete che non è affatto difficile da creare.

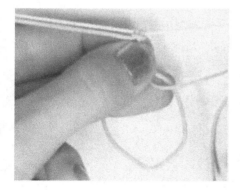

Iniziate con il cavo di base, facendo un nodo a quest'ultimo.

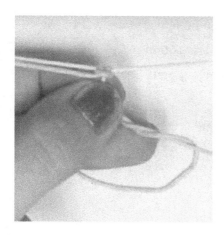

Avvolgete il cavo attorno a se stesso 2 volte, tirando la corda attraverso il centro per formare il nodo.

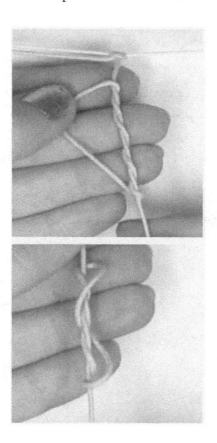

Assicuratevi di avere tutti i nodi sicuri e saldi, e fate del vostro meglio per assicurarvi che sia tutto regolare. Ci vorrà un po' di pratica prima che siate in grado di ottenerlo perfettamente ogni volta, e con il tempo, lo otterrete senza troppi problemi.

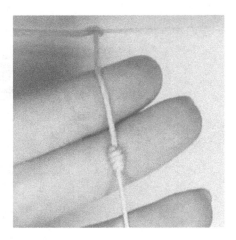

Assicuratevi che sia tutto regolare e sicuro. Tagliate via tutte le questioni in sospeso e siete pronti a partire!

NODO CORONA

Questo è un grande nodo di partenza per qualsiasi progetto, e può essere usato come base per un progetto. Utilizzare un cavo leggero per questo; può essere acquistato nei negozi di artigianato o online.

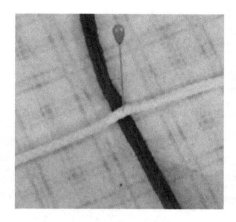

Usate uno spillo per aiutare

a mantenere tutto al suo

posto mentre lavorate.

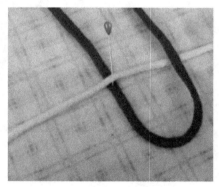

Usate uno spillo per aiutare a mantenere tutto al suo posto mentre lavorate.

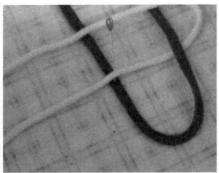

Tessere le corde dentro e fuori l'uno dall'altro, come si può vedere nelle foto. Lavorare con colori di cavo diversi aiuta a vedere cosa sta succedendo e la loro direzione.

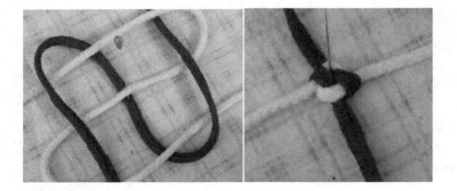

Tirare il nodo stretto, e poi ripetere per la riga successiva all'esterno.

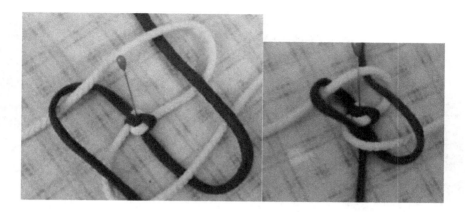

Continuate a farlo tutte le volte che volete per creare il nodo. Potete renderlo spesso quanto volete, a seconda del progetto. Potete anche creare più di una lunghezza sulla stessa corda.

Assicuratevi di avere tutti i nodi sicuri e saldi, e fate del vostro meglio per assicurarvi che sia tutto regolare. Ci vorrà un po' di pratica prima che siate in grado di ottenerlo perfettamente ogni volta, e con il tempo, lo otterrete senza troppi problemi.

Assicuratevi che sia tutto regolare e sicuro. Tagliate via tutte le questioni in sospeso e siete pronti a partire!

DOPPIO NODO DIAGONALE

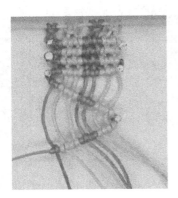

Questo è il nodo perfetto da usare per i tendaggi, decorazioni o qualsiasi progetto che richiederà un certo peso. Utilizza un cavo più pesante per questo, che puoi trovare nei negozi di artigianato o online.

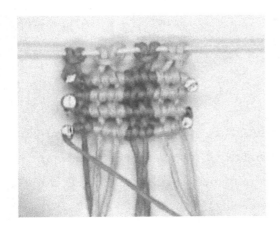

Guardate con attenzione queste foto sotto riportate.

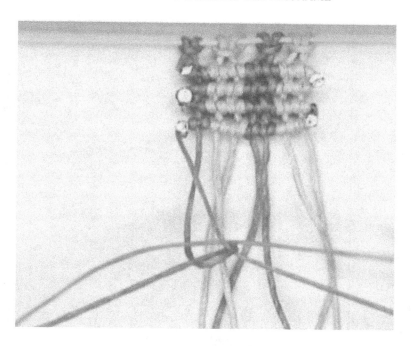

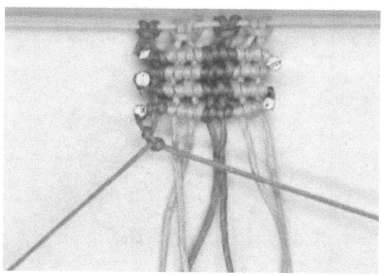

Iniziate dalla parte superiore del progetto e lavorate verso il basso. Mantenete la tensione nei cavi. Fate i nodi a intervalli di 4 pollici, facendovi strada verso il basso per tutto il pezzo.

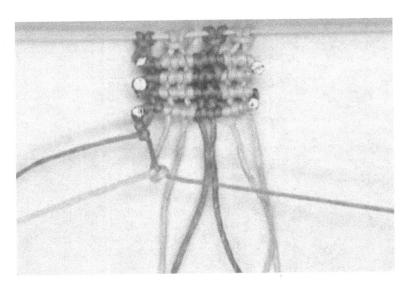

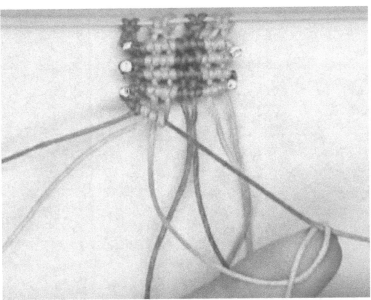

Tessere dentro e fuori, guardando la foto come si può vedere per il giusto posizionamento dei nodi. Anche in questo caso, utilizzare colori diversi in modo da poter vedere ciò che è necessario fare in tutto il pezzo.

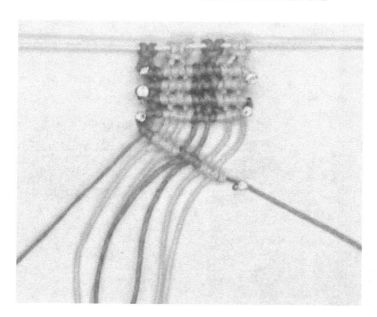

Per il progetto finito, assicuratevi di avere tutti i nodi ben saldi e sicuri in tutto il pezzo, e fate del vostro meglio per assicurarvi che sia tutto regolare.

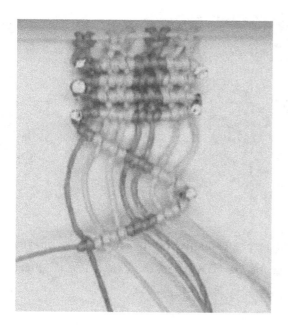

NODO CHIACCHIERINO

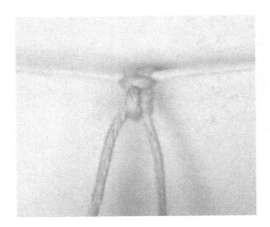

Questo è un grande nodo di partenza per qualsiasi progetto. Utilizzare un cavo leggero per questo.

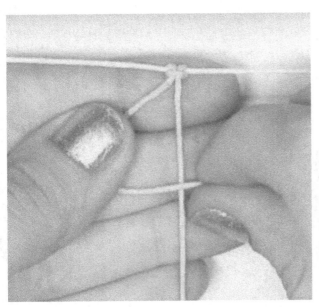

Guarda le foto con molta attenzione mentre ti muovi con questo progetto, e prenditi il tuo tempo per assicurarti di usare la corda giusta nel punto giusto del progetto.

Usate la corda di base come guida per tenerla in posizione, e poi fate il nodo su questo. Questo è un nodo molto semplice, guardate la foto e seguite le indicazioni che vedrete.

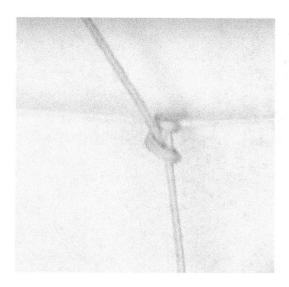

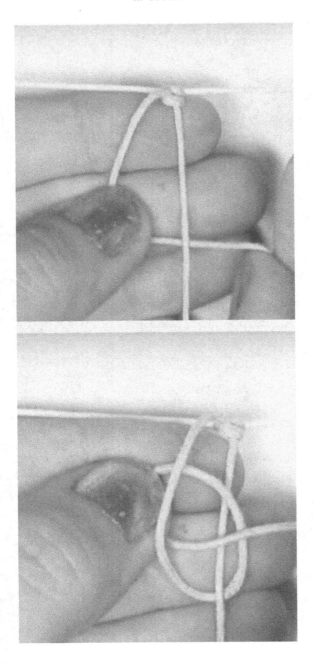

Tirare l'estremità del cavo verso l'alto e attraverso il centro.

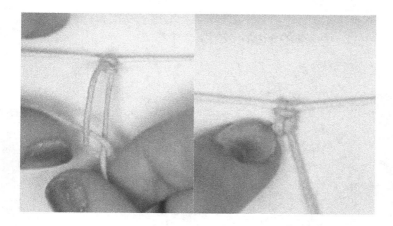

Ecco che il nodo è fatto!

Come tutti gli altri nodi, fate molta pratica e seguite le immagini.

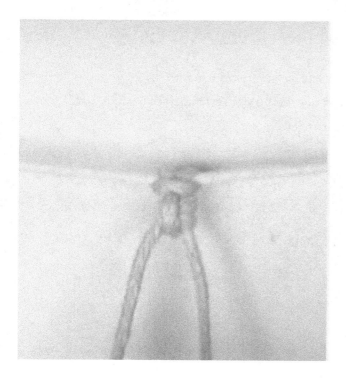

DOPPIO NODO ORIZZONTALE

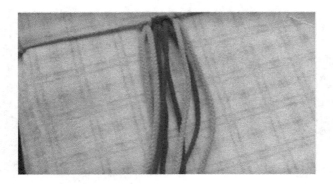

Questo è un grande nodo di partenza per qualsiasi progetto, e può essere usato come base per la base del progetto. Utilizzare un cavo leggero per questo.

Guarda le foto con molta attenzione mentre ti muovi con questo progetto, e prenditi il tuo tempo per assicurarti di usare la corda giusta nel punto giusto del progetto.

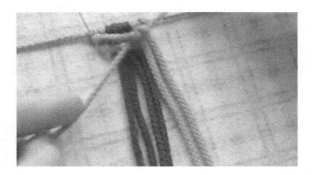

Iniziate dalla parte superiore del progetto e lavorate verso il basso. Mantenete la tensione in tutto il cavo.

Fate i nodi a intervalli di 4 pollici, facendovi strada verso il basso per tutto il pezzo.

Per il progetto finito, assicuratevi di avere tutti i nodi sicuri e saldi in tutto il pezzo, e fate del vostro meglio per assicurarvi che sia tutto uniforme.

NODO JOSEPHINE

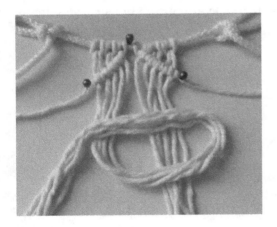

Questo è il nodo perfetto da usare per i tendaggi, le decorazioni o qualsiasi progetto che avrà un notevole peso. Utilizza un cavo più pesante per questo.

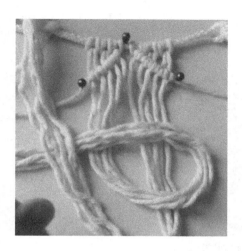

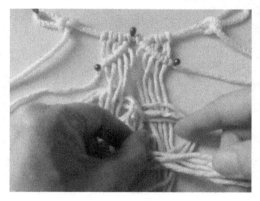

Usate i perni insieme ai nodi che state legando e lavorate con aree più grandi allo stesso tempo. Questo vi aiuterà a mantenere il progetto in posizione mentre continuate a lavorare per tutto il pezzo.

Tirate le estremità dei nodi attraverso i loop, e formate un anello al centro delle corde.

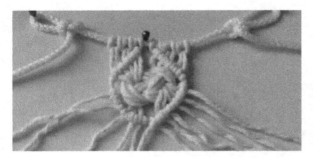

NODO TESTA DI ALLODOLA

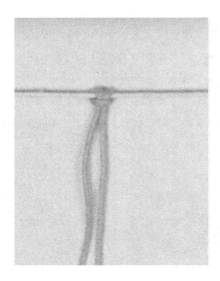

Questo è un grande nodo di partenza per qualsiasi progetto, e può essere usato come base per la base del progetto. Utilizzare un cavo leggero per questo.

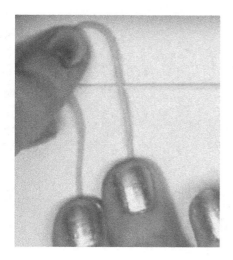

Guarda le foto con molta attenzione.

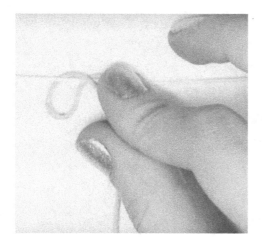

Prendere il punto centrale del cavo e piegarlo in due. Prendere le due estremità e intrecciarle nei cerchiolino formato.

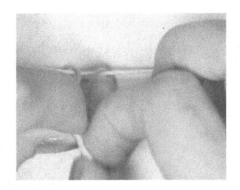

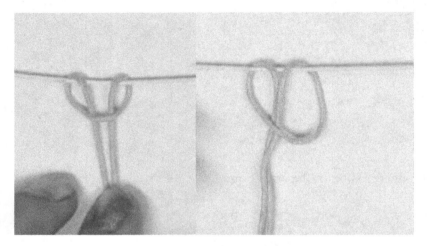

Assicuratevi che sia tutto regolare e sicuro. Tagliate via tutte le questioni in sospeso e siete pronti a partire!

CAPITOLO 4: PROGETTI MACRAMÈ
PASSO DOPO PASSO

Conoscete già il termine macramè, sia che siate cresciuti negli anni '70 o che vi siate interessati da diversi anni. I modelli di macramè hanno disegni elaborati con una varietà di nodi di diverse forme e dimensioni. Gli esempi più comuni su internet sono le tappezzerie da parete, ma con questa tecnica e questo libro si può fare molto di più. Mentre siete ancora in attesa di uno di questi entusiasmanti progetti, abbiamo deciso di spostare l'attenzione dalla parete a concetti più pratici. Questi tutorial di macramè sono ideali per i principianti, e alcuni di essi possono essere completati senza un solo nodo. Per prima cosa, prima di fare dei progetti, è bene esercitarsi con dei semplici nodi di macramè. Esercitatevi con questi nodi fino a quando non avrete un po' di padronanza. Volete saperne di più? Andiamo!

1.CORRIDORE DA TAVOLO

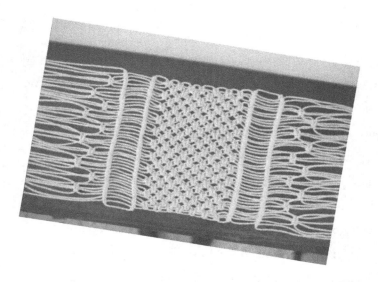

Un corridore da tavolo può essere un ottimo ornamento da casa. Le foto che vedremo rompono lo schema in semplici passi, e le istruzioni da seguire sono semplici.

Tutto quello che dovete sapere sono tre nodi essenziali, e avrete uno strato affascinante utilizzabile in ogni occasione. Se conoscete i nodi spiegati in questo libro, potete adattare il vostro corridore da tavolo alla lunghezza del vostro tavolo, oppure cambiarlo completamente e creare una parete di macramè appesa.

Materiale

- tassello in legno
- 22 corde di cotone di 3 mm

- Un gancio

La lunghezza per i cavi di cotone sarà direttamente proporzionale alla lunghezza del tavolo.

Fase 1: Applicare dello spago di cotone ad ogni estremità del tassello e appenderlo al gancio della porta.

Fase 2: controllare che siano ben vicini l'un l'altro

Fase 3: Prendete le 22 corde e legatele, attraverso il nodo testa di allodola, al tassello collocato sulla porta.

Fase 4: Utilizzare la stessa spiaggia per legare un secondo nodo alla linea. Questo è considerato un nodo a metà.

Fase 5: Assicuratevi che siano chiari e uniformi.

Fase 6: Ripetere dall'esterno con la seconda, terza e quarta corda e legare un altro nodo a gancio, in modo che sia aderente. Comincerete a vedere la tendenza. È un mezzo nodo orizzontale.

Fase 7: Continuare a legare le corde successive attraverso un singolo nodo.

Fase 8: Ancora una volta da destra, usate i quattro fili esterni per costruire un nodo a circa 1,5" sotto i nodi orizzontali. Dai quattro fili successivi (da cinque a otto) legare poi un altro nodo da nove a dodici fili. Continuare a saltarne quattro prima di attraversare la linea.

Passo 9: Ricomincia a destra, usa i quattro fili che hai saltato (da cinque a otto) e fai un nodo quadrato di circa 3''' sotto il tassello.

Passo 10: Continuare a legare quattro fili in nodi quadrati fino alla fine della fila.

Fase 11: Prendete due fili esterni sul lato destro. Poi usare i trefoli da

tre a sei per creare un ulteriore nodo quadrato intorno a 11''' nel passo sette sotto i nodi orizzontali. Poi usare i seguenti quattro fili per creare un altro nodo quadrato di 1,5" sopra l'ultimo nodo quadrato.

Passo 12: Iniziare come mostrato. Non farete nulla con le ultime due linee.

Passo 13: Tornando indietro da destra, costruire un'altra serie di nodi orizzontali a mezzo nodo ripetendo i passi da 3 a 7. Lavorerete su questo da sinistra a destra.

Passo 14: Guardare la foto.

Passo 15: Partendo da sinistra, create una fila di nodi senza saltare i fili, che si trovano circa 1''' al di sotto di quella linea di nodi. Invece, create una seconda fila del nodo quadrato, saltate i primi due fili a sinistra e fate una linea completa di nodi quadrati. Questo è noto come nodo alternato. Lasciare un piccolo spazio tra queste file, in modo da poterle avvicinare man mano che ogni nodo quadrato viene inserito.

Fase 16: Continuate fino ad avere un totale di circa 13 file di nodi alternati. Questo segmento è il nucleo del vostro corridore da tavolo.

Fase 17: Aggiungete un altro nodo orizzontale a mezzo nodo dall'esterno a sinistra e lavorate sulla destra.

Passo 18: Scendere di quasi 2,5" e usare la stessa corda di base per creare un altro nodo orizzontale a mezzo gancio da destra.

Fase 19: Saltare due trefoli esterni a destra per questo segmento e legare un nodo quadrato con trefoli da tre a sei. Scivolare da 7 a 10 trefoli e usare da 11 a 14 trefoli per legare un altro nodo. Ripetere fino ad avere quattro fili mancanti. Sulla sinistra, avrete sei fili.

Giratene uno e due file a sinistra, e legate da tre a sei fili a un nodo quadrato intorno a 1,5" sotto l'ultima fila di nodi quadrati.

Poi salta i quattro fili successivi per la seconda fila di nodi quadrati e completa la sequenza. Questo vi lascerà sul lato destro con sei fili in più.

Passo 20: Misurare 11" dall'ultima fila di nodi orizzontali e fare un nodo del quadrato usando i quattro fili esterni a destra. Poi legare i quattro successivi in un nodo quadrato a circa 1,5" sopra l'ultimo nodo.

Fase 21: Ripetere l'intera operazione.

Fase 22: Infine legare l'ultima fila circa 1,5" sotto la fila di nodi quadrati alternati a nodi orizzontali. Prendete nota di quanto a lungo le estremità sono dall'altra parte, per tutto il tempo che volete. Tagliate il filo di cotone dal vostro tassello e sciogliete con cura tutti i nodi dell'allodola. Infine tagliate il centro della testa dell'allodola e togliete i lati.

Ora siete pronti per apparecchiare una bella tavola!

Il centro del vostro tavolo da pranzo è il luogo ideale per mettere in centrotavola vasi di fiori. Avete bisogno di qualcosa di più colorato? Utilizzate queste splendide linee colorate di Macrame' personalizzate da 3 mm e 5 mm.

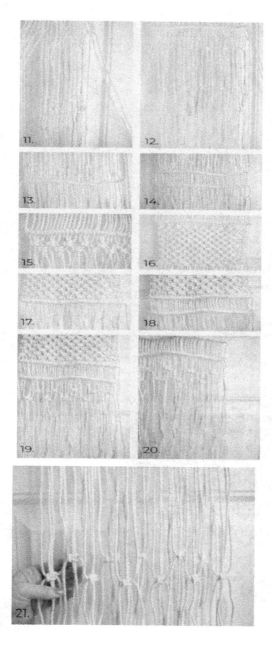

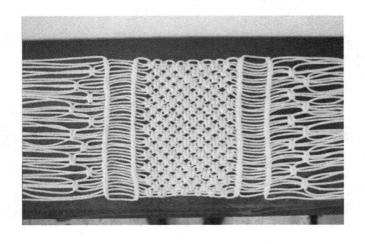

2. PENDENTE CON CIONDOLO

Nodi usati:

- Nodo di testa di allodola
- Nodo piatto
- Nodo di gancio doppio

Materiale:

- Cavo 2 metri di cavo (x4), 60 cm. di cavo (x1), 30 cm. di cavo (x2)
- Perline decorative
- Foglie d'oro antico, circa 1mm (x3)
- Chiusura a moschettone e anello

- Grande perla d'oro (x2)
- Colla

Procedimento:

1. Posizionare 4 fili attraverso l'anello nella parte superiore di una chiusura a crimpata terminale.
2. 2. Piegare i fili a metà, per un totale di 8 fili.
3. Inserire un ago per fermare il tutto.

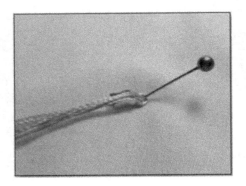

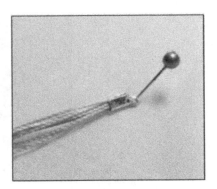

Legare un nodo piatto con 2 corde esterne intorno a tutti gli altri.

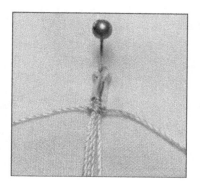

4. Separare 3-3-2, come nella foto. Legare 7 nodi verticali a testa di allodola intorno agli altri 2 cavi.

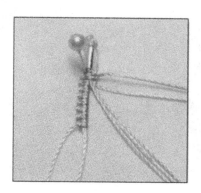 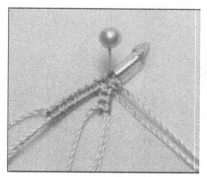

5.Posizionare tutti e 6 i cavi insieme. Piegare la sezione sinistra verso l'esterno, poi prendere la corda di sinistra e fare un nodo testa di allodola intorno alle altre 6 corde.

NOTA: serrare ogni sezione mentre le si lega insieme.

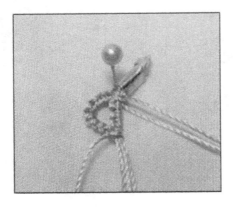

6.Prendere il cavo di sinistra e legare 5 nodi intorno agli altri 2 cavi.

7.Infilate una perlina tutti e 3 i cordini.

8. Posizionare le 6 corde di sinistra insieme.

9. Fare 7 nodi intorno agli altri 2 cavi.

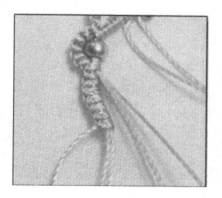

10. Posizionare questi 6 fili insieme e continuate nello stesso modo.

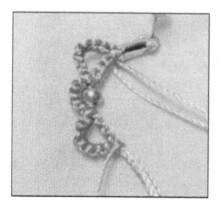

11. Usare i 2 fili di destra: iniziate come avete fatto all'inizio, con nodi testa di allodola.

Unite tutte le 8 corde insieme con un nodo testa di allodola.

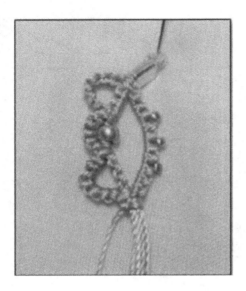

12.Ripetere i passi per creare la seconda sezione.

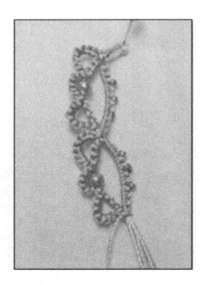

Sezione centrale

13. Cavi separati 2-2-3-1. Trovare il cavo e il filo giusto su una perlina di bronzo misura 6, una perlina da 12 mm e un'altra perlina di bronzo

misura 6.

14. Aggiungete le perle come nelle foto e continuare con nodo gancio doppio.

15.Mettere insieme i 4 cavi di sinistra e legare un nodo con il cavo di sinistra.

16. Con la sinistra 2, fare 13 nodi testa di allodola.

17. Con il destro 2 corde, fare 9 nodi testa di allodola. Mettere i 4 fili insieme e fare un nodo con la corda di sinistra.

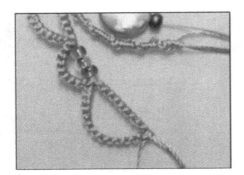

Mettere tutti e 8 i cavi insieme e fare un nodo testa di allodola con il cavo di sinistra. (Fine della sezione centrale).

18. Ripetere i passi due volte.

Finitura

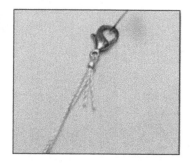

1. Inserire il cavo come segue:

Nota: quando si esegue la piegatura, fare attenzione a tenere sempre il cavo più lungo sulla destra. Se le cordicelle si attorcigliano all'interno delle perline, il disegno risulterà obliquo).

2. Su entrambi i cordoni; 1 alzavola scura, 1 alzavola smerigliata, 1 alzavola, 1 rame chiaro, 1 rame scuro, 1 rame chiaro, 1 alzavola, 1 alzavola smerigliata, 1 alzavola scura seguita da una perlina marrone chiaro da 8 mm. Ripetere 3 volte.

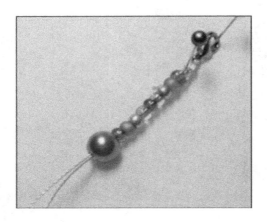

3. Mettere sulle corde 1 perlina scura, 1 perlina smerigliata, , 1 rame chiaro, 1 rame scuro. Ora separare le corde, con il cavo più lungo a destra.

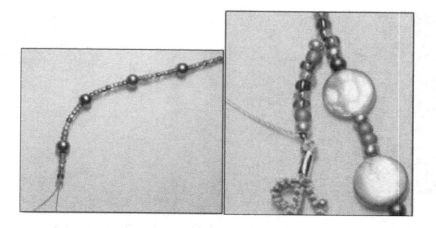

4. Mettere una foglia d'oro, una perlina d'alzavola di 11 mm, e ripetere ancora una volta, poi seguire con una terza foglia d'oro.

Inserite come nella foto le perline

5.Serrare la perlina. Prendere la restante corda di 1 metro e attaccarla al lato destro del pendente.

6. Infilare entrambe le corde attraverso il cavo di crimpatura da 2,5 mm, poi attraverso l'anello e di nuovo attraverso il cavo di crimpatura.

7. Stringere la perlina, quindi crimpare il cavo.

3. SANDALI A PIEDI NUDI

Sono progetti divertenti e sono perfetti per passeggiare sui prati o sull'erba in estate. Questo progetto è quasi, se non il più semplice, da realizzare.

Materiale:

- Filato di puro cotone o corda di macramè
- Forbici
- Perle di grandi dimensioni, per esempio: Le perline distanziatrici d'argento.

Nodi utilizzati:

- Nodi quadrati

Passi:

1. Fare 3 pezzi di filo lunghi circa 3 m, quindi individuare il punto centrale delle strisce e fare un nodo. È importante che il filo sia lungo; sarà necessario per le cavigliere.

2. Su uno dei lati del nodo, fare nodo.

3. Allentare il nodo che è stato fatto prima, e legarlo di nuovo una volta che hai fatto un anello a spirale insieme con il filo che è intrecciato. Questo crea quello che viene chiamato un anello a punta del vostro sandalo!

4. La parte principale del sandalo, che scende dalla caviglia, per attraversare la parte anteriore del piede e poi verso la punta, in genere, è fatta con nodi quadrati. Ora ci sono una mezza dozzina di fili da usare, quindi divideteli in 3 fili, ognuno dei quali ha due fili.

5. Dal lato destro, mettete quel filo in cima a quello centrale, facendo un anello a forma di D. Il filo situato a sinistra deve essere infilato sotto quello centrale e all'interno dell'ansa a forma di D. Per realizzare o creare la sezione di testa del nodo quadrato, tirare il filo destro e quello sinistro. Nella direzione opposta, fare la stessa cosa per il lato sinistro. Muovere il filo sul lato sinistro sopra quello al centro, e poi infilare il filo sul lato destro sotto quello al centro e all'indietro nell'anello a forma di D. Disegnare i fili a destra e a sinistra da quello al centro per finire il primo nodo quadrato.

6. Fare altri due nodi quadrati, oltre al primo nodo quadrato legato. Successivamente, infilare le perle rotonde in argento sul filo al centro.

7. Completare la sezione con le perline facendo 1 o 2 nodi lisci che non hanno teste e separare i fili in due con ogni spacco hanno circa 3 teste.

8. Intrecciare i fili per formare le cinghie per la caviglia, fino a raggiungere una lunghezza/diametro di circa 50 centimetri. Questo vi permetterà di avvolgerli intorno alle caviglie più di una volta. Tagliare l'eventuale filo rimasto inutilizzato e ripetere i passaggi precedenti per realizzare la seconda gamba del sandalo.

4.COPRICUSCINO

Ora impareremo a creare questo bellissimo cuscino fai da te in Macramè.

Nodi usati:

- Nodo a testa di allodola
- Nodo quadrato
- Doppio nodo a mezzo gancio

Materiali necessari:

- Corda in macramè da 4 metri
- Macchina per cucire/filetto (opzionale)
- Tassello o bastone

- Forbici
- Copricuscino e inserto
- Misura del nastro

Istruzioni passo dopo passo:

1. Usando i nodi della testa dell'allodola al contrario, legare tutte e 16 le corde al tassello. Avete imparato a fare un nodo a testa di allodola per costruire il cappello nelle istruzioni precedenti.

2. Per questa copertina, il motivo è l'unica fila di nodi quadrati alternati. Lasciate un piccolo spazio tra ogni nodo intorno a metà di un pollice come riferimento. Avere un po' di spazio rende il progetto ancora più veloce.

Dovete continuare a fare i nodi quadrati alternati fino ad arrivare al bordo di 20". Misurate con il nastro per vedere dove vi trovate.

Creare due file orizzontali di nodi a metà altezza (da sinistra a destra, poi da destra a sinistra) fino a toccare il fondo.

3. Quindi, ora che abbiamo finito con il progetto, tagliamo via l'eccesso dal fondo, ma teniamo un pezzo della frangia - circa 5 pollici o giù di lì.

Quindi, o togliete il vostro disegno dall'asta o semplicemente lo tagliate via.

4. Rompilo. Ecco come si attacca il disegno Macramè al cuscino. Prima di cucirlo, sia che stiate facendo una copertura da soli - dovete

necessariamente allineare il disegno alla facciata del cuscino alla copertura, lasciando i bordi tagliati un po' più in alto.

4. Mettete la parte posteriore sopra la copertura, e il disegno Macramè - i lati destro sono rivolti l'uno verso l'altro - in sostanza fate un sandwich.

Quindi, ora rattoppate il bordo superiore del vostro copricuscino - andate anche sopra le corde! Poi ci vuole un po' di finezza, comunque si può aggiustare. Appuntate tutto per tenerlo insieme. Spingete il motivo Macramè all'interno del cuscino per cucire il resto delle federe e cucite le cuciture rimanenti come al solito.

5. Prendete un'altra lunghezza della corda di macramè e fate un nodo facile sul retro per attaccare il resto della fodera.

6. Fate un loop di questa corda da fuori e dentro di nodi quadrati. Questo non solo aiuta a stendere il vostro modello, ma deve anche proteggerlo fino in fondo.

Questo è tutto! Sul bordo inferiore del vostro cuscino, le frange saranno appese.

Per una fodera per cuscino pronta: Potete aprire una delle giunture e seguire le istruzioni di cui sopra o semplicemente prendere l'altro pezzo di corda di Macramè e infilarlo intorno alla parte superiore. Poi attorcigliatelo all'indietro. Come detto sopra, potete anche legare i lati.

Oppure, si può anche cucire a mano sulla fodera del cuscino che sicuramente dà al divano o alla poltrona un po' di grinta. Eppure questo è una sorta di cuscino della novità - posare la testa su di esso è un po' scomodo.

5. PORTACANDELE IN MACRAMÈ

Materiale:

- filo in cotone
- contenitore vuoto
- forbici

Step:

1. Tagliare 56 corde da 45 centimetri ciascuno. Dividerli in due e arrivare a 112 corde. Ricordate: dovete combinare le corde in un set di 4 corde.

2. Fare dei nodi testa di allodola nella parte posteriore. Dobbiamo usare i nodi testa di allodola per fissare tutti i fili intorno al portacandela.

Tirare con forza, vedi foto:

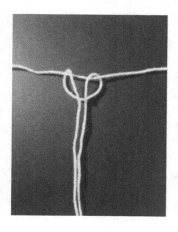

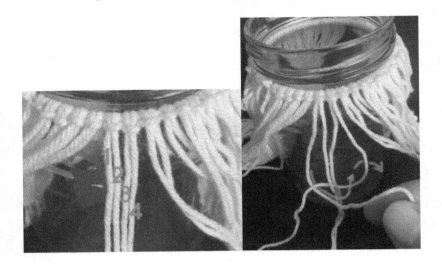

3. Annodare il nodo di testa 56 volte. Questo porta 112 cordoni.

4. Fate un cavo A e dividete le estremità intorno alla vasca. Per fare un nodo quadrato, prendiamo (1, 2, 3, 4) quattro cordoni: a) mettiamo quello di destra (4°) verso sinistra sotto i due cordoni centrati (2° e 3°) e il cavo di sinistra (1°). Mettere la corda di sinistra (1) sopra le due corde centrali (2, 3) a destra e sotto la corda di destra. Tirare sia il cavo sinistro che quello destro (1° e 4°) per collegare saldamente il nodo.

B) mettere la corda di destra (4°) verso sinistra sopra le due corde centrali (2, 3) e sotto la corda di sinistra (1°). Mettere quello di sinistra sotto i due cavi centrali (2° e 3°) a destra, poi sopra il cavo di destra (4°). Stendere le corde a destra e a sinistra per fissare il nodo (1, 2).

5. Fate tre nodi quadrati su ogni anello a 4 corde.

6. Per fare dei triangoli, dividere le corde in coppie diverse. Per costruire quattro triangoli invertiti, dividere i 112 cordini per 28. Usando i nodi quadrati alternativi per creare un triangolo, scegliere due corde di destra (3° e 4°) e due delle corde di sinistra (1° e 2°) successiva e fare dei nodi quadrati.

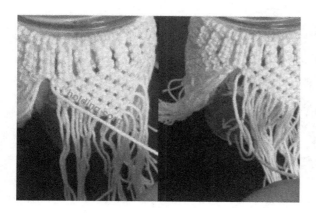

Per il mio progetto di sviluppo del triangolo, ho fatto: Fila da quattro a sette nodi quadrati alternativi, Fila da cinque a sei nodi quadrati alternativi, Fila da sei a cinque nodi quadrati alternativi, Fila da sette a quattro nodi quadrati alternativi, Fila da otto a terza fila, nodi quadrati alternativi, Fila da nove a seconda fila nodi quadrati alternativi, Fila da dieci a prima fila nodi quadrati alternativi. Ho prodotto altri tre triangoli con lo stesso schema.

7.Prendete la corda di estrema sinistra (corda di tenuta) dal 1° nodo quadrato alternativo di sinistra e posizionatela sopra tutte le altre corde di lavoro in diagonale.

8. Prendere una corda funzionante all'estrema sinistra e creare un anello in senso antiorario attorno alla corda di mantenimento. Allungare saldamente il filo funzionante. Ripetere l'operazione per terminare il doppio mezzo nodo dalla stessa corda. Per tutti gli altri cavi di funzionamento, avviare il doppio mezzo gancio. Il filo 2 dell'ultimo nodo quadrato alternato (sopra il triangolo rovesciato) è l'unico filo funzionante.

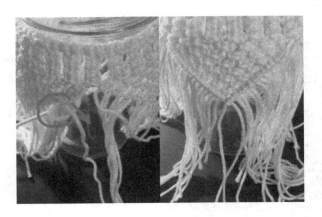

B) Da destra a sinistra: Afferrare la corda di estrema destra (corda di tenuta) dall'ultimo nodo quadro alternativo di destra e posizionarla sopra tutte le altre corde di lavoro in diagonale (a sinistra). Prendere una corda funzionante all'estrema destra e creare un cerchio intorno alla corda di tenuta in senso orario. Allungare saldamente il filo funzionante. Ripetere l'operazione per terminare il doppio mezzo nodo dallo stesso cavo. Per tutti gli altri cavi di funzionamento, avviare il doppio mezzo gancio. Prendere la corda di sinistra e la corda di destra per finire la disposizione, e rendere in senso orario il doppio mezzo gancio.

9. Tagliare entrambe le corde alle estremità.

6. GHIRLANDA CON FRANGE

Materiale:

- Corda
- Nastro per dipingere
- Forbici
- Chiodi

Fase 1: Tagliare la parte che sorreggerà la ghirlanda alla larghezza desiderata. Tagliare a circa 4/5 metri.

Fase 2: tagliare 45 pezzi di filato a una lunghezza di 1,5 metri. Tieni contro che saranno distanziati l'uno dall'altro a una distanza di circa 3 centimetri.

Fase 3: Usare il nastro adesivo per i pittori per fissare il vostro pezzo di filato principale. Nell'ordine da voi scelto, aggiungete i vostri tagli di

fibra facendo un singolo nodo sopra la parte centrale del filato.

Fase 4: Fai un doppio nodo tra il secondo e il terzo pezzo di filo. Ho distanziato i miei nodi di circa 20 cm l'uno dall'altro, ma potreste distanziarli ulteriormente. Andare avanti fino a quando non si colpisce la gamba corretta.

Fase 5: Passare al lato sinistro dopo aver terminato la prima sequenza, e ricominciare da capo. Iniziate questa volta, all'estrema sinistra, con il pezzo di filo iniziale. Ancora una volta, legate i doppi nodi lungo questa linea prima di arrivare in cima.

Fase 6: Mancate il primo pezzo di filo, questa volta. Iniziate unendo la terza e la seconda parte del filato con un doppio nodo, poi spingete tutto verso destra.

Fase 7: Tagliate le code in modo uniforme, ma non fate come me. Vi raccomanderò di appenderlo dritto sopra, e potrete avere una chiara comprensione di come sono entrambe le code.

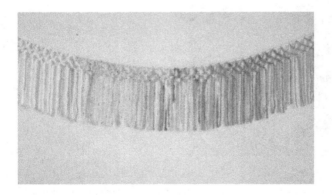

Fase 8: Appenderlo con due chiodi

7. CESTO ROTONDO A SPIRALE

Materiale:

- Lunghe strisce di tessuto di cotone o maglia acrilica. Si possono usare anche pezzi di abbigliamento, magliette riciclate, o tessuti e tovaglie.

- Il filo - l'arancione fluorescente è ottimo (5 euro per 100 metri), e si può usare più tessuto o filato come ho fatto io. Per un cesto grigio ho usato circa 8 - 10 metri di filo, e di circa 14 cm (5,5 pollici) di lunghezza x 8 cm (3,5 pollici) di spessore.

- Un filo in un ago grande con una testa larga.

- Forbici

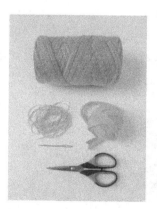

Una dimensione decente per le ciotole piccole è di circa 3,5 cm di diametro del cavo. L'illustrazione sottostante mostra come un pezzo di tessuto può essere tagliato in una fila continua se si taglia il tessuto per estenderlo alla volta in piccoli pezzi e il tessuto si avvolge in un comodo "filato" circolare.

Tagliate la lunghezza di una corda arancione il più lontano possibile senza che venga attorcigliato, poi avvolgetelo con l'ago. Il mio era di circa 2 metri.

Per ottenere uno spessore decente, ho usato tre pezzi di filo di cotone grigio insieme. L'ho tagliato fino a circa 1,4 metri di larghezza. La lunghezza del filo sarebbe diversa se si desidera modificare i colori. Tuttavia, è tutto abbastanza libero, non si possono fare errori!

Sovrapponete le estremità arancioni del cavo e il filo grigio e fate un loop da quattro a cinque volte attorno al filo.

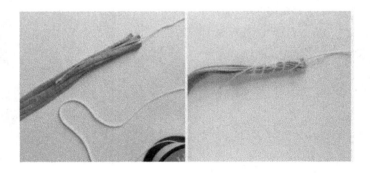

Piegate l'estremità del filo grigio per creare un cerchio. Mantenete il foro più piccolo possibile al centro (dovrà passare solo l'ago).

Avvolgete la corda attorno al centro dell'occhiello del filo, fate sporgere una coda corta e fate un nodo. (Come nella foto a sinistra in basso). Mantenere il filo come visto sopra la coda corta e sul fondo del filo lungo.

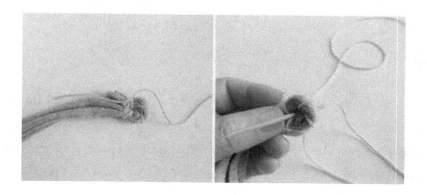

Non annodare la corda, lascia solo una corda in cima (come si vede nella foto qui sotto). Poi passare attraverso l'anello, attraverso l'ago, come un filo su una sciarpa.

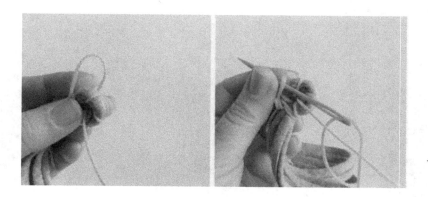

Infilare l'ago da dietro a davanti attraverso l'apertura. Lasciate un filo e passateci dentro lo spillo. Spingere il nodo chiuso. Il punto deve essere forte ma non pesante. Tenete i punti ben saldi e spostateli (come nella foto qui sotto a destra).

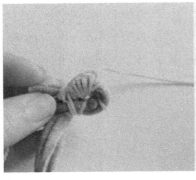 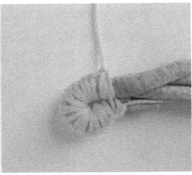

Piegare la coda di partenza del filo arancione e la coda corta del filo grigio in alto con il filo grigio lungo (foto sotto a sinistra). Il punto successivo passerebbe attraverso il primo punto coperta sul retro piuttosto che attraverso l'apertura. Portate l'ago sul retro del primo punto e mettetelo intorno ai bordi. Il punto successivo passa attraverso la parte superiore del secondo punto della sciarpa. Scendete alla foto successiva per dare una sbirciatina più da vicino dove si muove la freccia.

 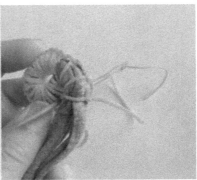

Hai fatto un sacco di cuciture, e probabilmente finirai presto il filo. La foto qui sotto a destra illustra come attaccare una nuova parte del filo. Annodate le due parti insieme, in modo che il nodo sia sul bordo della bobina.

Fate correre le code sul filo grigio e infilatele con il nodo mentre iniziate a cucire (vedi immagine sotto a sinistra). A volte ho inserito un punto in più quando la mia bobina si è espansa, perché sentivo che si stavano allontanando troppo.

Quello che dovete fare è combinare il vecchio con il fresco quando finite i colori o decidete di scambiarvi i colori. Ho tagliato tutti le corde di una lunghezza diversa in quanto ho usato tre fili di filato e ho messo quelli freschi al centro.

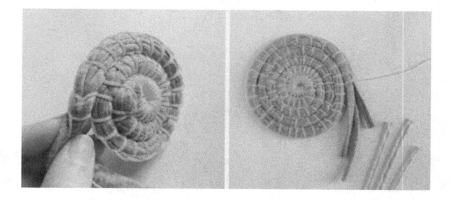

Quando il filo di tessuto sembra arricciarsi, apro ogni pezzo e ci metto quello fresco. Così continuo a cucire.

Quando sarete soddisfatti delle dimensioni della base, comincerete a costruire i lati.

Intrecciate le code in uno dei punti verticali (all'interno della ciotola) sotto le linee. Poi infilate con un altro paio di punti in quella fila e tagliate il filo, in modo da non far risaltare la coda (foto in basso a sinistra).

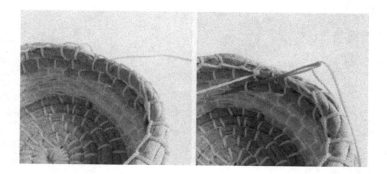

8.BORSA IN MACRAMÈ

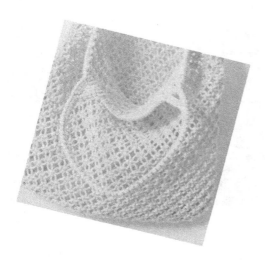

1. Tagliare 10 corde di 2,3 metri di larghezza.

2. Piegarle a metà e riempire il centro del manico piegato con il vuoto. Prendere le estremità della corda e attraversare l'ultimo passo del loop che hai fatto.

3. Tirare forte.

4. Continuare ad attaccare 5 pezzi di corda ad ogni maniglia della borsa.

5. Separare due pezzi di corda ad un'estremità e spostare la corda rimanente all'altra. Faremo il primo nodo con queste due parti.

3. Girare l'angolo sinistro nell'angolo destro e fare una curva.

4. Prendete la corda di sinistra (ancora dritta) e riempite la stanza con

le due corde che avete fatto. Togliete i due angoli fino a quando il nodo non si alza nel punto giusto. Volete che il manico sia di circa 5 cm.

5. Prendete la corda di sinistra e, questa volta, mettetela a destra per completare il nodo.

6. Questa volta, infilate attraverso la fessura la corda del lato destro. Riportate il nodo di nuovo stretto.

7. Creare altri quattro nodi in fila sul manico con il resto delle corde. Poi continuare di nuovo, ma questa volta manca la prima corda.

8. Continuare lungo il percorso. Questa volta si fanno quattro nodi e non si annoda né la prima né l'ultima corda.

9. Quando la seconda fila è terminata, fate la terza fila come la prima (cinque nodi senza che manchino le corde).

10. Una volta completata la terza sezione, ripetere i passi 2-4 nella seconda maniglia. Dopo di che, portate i due manici faccia a faccia.

11. Prendere entrambe le corde terminali dalla parte anteriore della borsa e dalla parte posteriore per iniziare la fila successiva. Fissare le fascette sul davanti e sul retro all'altra estremità. Vi troverete quindi di fronte alle ultime linee sul davanti e sul retro. Legatele insieme.

12. Lavorare fino a quando i trefoli sono rimasti a circa 10 cm della corda.

13. Tagliare la lunghezza della corda di 4 metri. Usare la stessa tecnica per legarla all'ultimo nodo del manico.

14. Prendere il filo anteriore e posteriore e avvolgere la corda.

15. Mettete un nodo a doppio gancio e prendete altri due nodi, uno sul davanti e l'altro sul retro.

16. Togliere la corda appesa.

17. Collegare questi fili invece dei nodi.

18. Applicate della colla per coprirli.

9.PIUME IN MACRAMÈ

Materiali:

- 5 mm di filo di cotone
- Cesoie a struttura affilata
- Spazzola felina
- Righello

Per il pennacchio, tagliare:

- 1 filo da 80 cm per la colonna vertebrale
- 10-12 fili da 35 cm per la parte superiore
- 8-10 fili da 30 cm per il centro
- 6-8 fili da 25 cm per la base

Passi:

1. Sovrapporre il filo da 80 cm in parti uguali. Prendere uno dei trefoli da 35 cm, sovrapporlo al centro e piegarlo sotto la colonna vertebrale.

2. Prendere un altro filo da 35 cm, piegarlo verso il centro e integrarlo nel cerchio del filo di livello superiore. Tirare i fili di base per tutto il percorso attraverso il cerchio superiore. Questo è il vostro nodo!

3. Tirare i due lati con decisione. Sulla linea seguente, scambierete il lato iniziale. Quindi, se avete posato il filo pari da sinistra a destra la prima volta, poserete il filo di livello da destra a sinistra immediatamente. Posate il primo filo collassato sotto la colonna vertebrale, infilate un altro filo collassato nel suo cerchio. Tirate i trefoli inferiori attraverso il cerchio superiore. Successivamente, fissare.

4. Continuare a lavorare gradualmente verso il basso.

5. A quel punto, dare una rifinitura approssimativa. Questo aiuta a orientare la forma e aiuta a spazzolare i fili. Più corti sono i fili, più è semplice, per essere del tutto onesti. Allo stesso modo, aiuta anche ad avere un paio di cesoie affilate!

6. Dopo una rifinitura ruvida, posizionate la penna d'oca su una superficie resistente, dato che per spazzolare la corda si utilizza una spazzola felina. Successivamente, dovrete indurire la penna d'oca. Il cordoncino è talmente delicato che cadrà semplicemente se lo prendete e tenterete di appenderlo.

7. Quando il pennacchio si sarà un po' indurito, dopo averlo spruzzato

con un po' d'acqua, potrete tornare indietro e dargli un'ultima spuntatina. È più intelligente tagliarlo solo un po' di più! Inoltre, potrebbe essere necessario modificare il taglio a seconda della regolarità con cui si sposta il pezzo. Infine, sarete pronti per appendere il vostro pezzo!

10. GRANDE TENDA IN MACRAMÈ

Materiali:

- Anello
- Tenda a singolo cavo / asta
- Nastro per maschere
- Forbici

Passi:

1. Posizionare 4 fili su una tavola di schiuma e mettere i perni nella parte superiore e inferiore dei fili medi in modo da stabilizzare i fili. Prendete il filo esterno destro (rosa) e passate al resto degli altri due fili medi.

2. Prendete il filo esterno (giallo) a sinistra e andate all'altro lato del filo rosa dietro i fili medi.

3. Tirare questi 2 fili con forza. Tirare quei 2 fili all'estrema sinistra (ora il rosa) e metterlo sui due fili centrali.

4. Prendere la spiaggia all'estrema destra (ora gialla) e passare la spiaggia dall'altro lato della rosa sulle due travi centrali. Tirare saldamente quei 2 fili fino a fare un nodo per i fili intrecciati del passo precedente. È il passo più difficile!

Questi movimenti fondamentali si ripetono negli altri livelli.

5. Ripetere 1-3 passi per fare un altro nodo accanto al primo nodo con altri quattro fili. Portate i primi due fili di destra per formare un nuovo gruppo con altri due fili di sinistra del secondo nodo.

6. Prendete il filo esterno destro lilla e attraversate i due mediani a sinistra.

7. Prendete un filo esterno sinistro (verde) e passate il filo situato dall'altra parte (viola), dietro il filo centrale e sopra il filo viola.

8. Tirare questi due fili con forza. Ritornare ora al primo passo!

9. Dividete il gruppo centrale dei trefoli trasferendo due trefoli a sinistra e due a destra. Fate il primo nodo con entrambe le classi e procedete con questo processo fino a quando non sono state completate tutte le file che volete.

Potete vedere che i nodi di base vengono generati a passi con il filato, ma solo su una scala molto più grande. Ho fatto il nodo base vicino alla cima di tutti i 14 gruppi e poi ho prodotto un'altra fila di nodi, poi mi sposto lungo un'altra fila, faccio i nodi e alternando le file di nodi solo fino a quando non ho finito quante più file possibile.

10. Assicuratevi di fare un passo indietro e fate i vostri nodi per assicurarvi che le vostre cravatte siano equamente collegate. Appendere le corde al vostro posto ideale fino a quando non avrete finito di intrecciare.

11. Finalmente coprite il nastro adesivo sul lato destro del nastro (o nastro bianco) dove il bordo tocca il suolo (la mia tenda è alta 6 1/2 piedi e mezzo).

12. Rompere il nastro e lasciare la corda intatta da 2/3 a metà della banda.

11. LANTERNA/LAMPADARIO IN MACRAMÈ

A tutti coloro che cercano di mettere a zero le proprie abilità di macramè e di passare al prossimo step di macramè, vi consiglio vivamente di affrontare le sfide che vi faranno uscire dalla vostra zona di comfort per provare qualcosa di diverso. L'unica strada per migliorare è quella dell'apprendimento continuo e dello sviluppo continuo. Questo è semplicemente quello che ho fatto quando mi sono sfidato a progettare e creare una lanterna di macramè completamente originale, e a differenza di ogni altro progetto che avevo creato in precedenza. È uno sforzo ambizioso, che mi ha richiesto qualche ora di lavoro, ben oltre 4 ore.

La parte divertente di questo progetto è fare il giro dell'anello dei nodi e realizzare un modello dimensionale 3D. Quando si lavora su un layout tridimensionale, si spinge continuamente l'oggetto in giro. È più sicuro mettere il pezzo in lavorazione su un portaoggetti girevole ad anello girevole a doppia estremità per questo tipo di operazioni. Questo renderà le cose ancora migliori per voi. Se state cercando di costruire qualcosa del genere, un altro posto su cui dovreste stare attenti è capire quale segmento state creando e non rovinare il numero di nodi durante la produzione dei progetti. Come ho deciso di fare questo progetto, ho fatto qualche errore, non volendo contare tutti i nodi per il progetto che stavo cercando di creare. Dovrete adoperare 5 nodi diversi: il Nodo di Raccolta, il Nodo di Testa di allodola, il Nodo di Gancio, il Nodo Quadrato e il Nodo di Bacca. Il progetto è piuttosto lungo e si presenterà con qualche difficoltà. Suggerisco di andare lentamente per assicurarsi che ogni nodo che si crea sia equilibrato e giusto mentre si attraversa ogni segmento. Anche se si tratta di un progetto avanzato, non lasciatevi intimidire da quanto possa sembrare complicato. C'è una seconda sezione di questo progetto che potete aggiungere a questa lanterna di macramè su un pezzo più grande sul bordo.

Per questo progetto di lanterna di macramè, avrete bisogno dei seguenti materiali e forniture:

- Corda di cotone a filo singolo da 4 mm
- Forbici
- Nastro adesivo
- 10 pezzi di corda da 1.5 metri ciascuno

1) Fare due nodi testa di allodola a due fili diversi. Avvicinarli tra di loro.

2) Eseguire nodi a spirale come nella foto.

3) Prendere altre due corde e, anch'esse, fagli il nododi allodola.

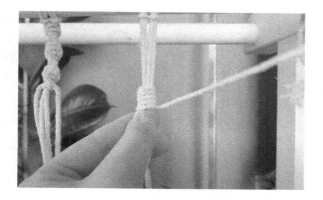

4) Prendere un cavo e arrotolarlo 6 volte intorno ai due cavi.

5) Legare come nella foto.

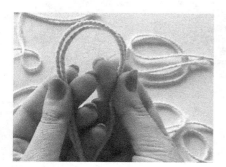

Prendere altre due corde che serviranno per l'aggancio del porta pianta.

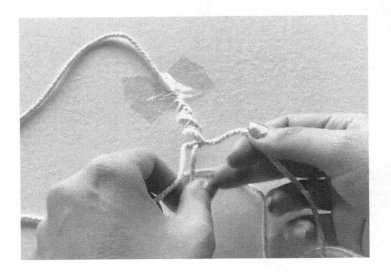

Legare i due cavi (incrociati, perpendicolari) con un nastro adesivo e iniziare a fare dei nodi a spirale.

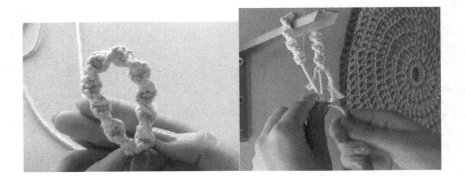

Anche qua proseguire con altri nodi a spirale.

12. SCAFFALE IN MACRAMÈ

Materiale utilizzato:

- Corda di cotone da 33 metri
- 3 assi di legno per scaffale; dipende dalla misura che volete per gli scaffali
- Ago
- Forbici
- Anelli in metallo (x2)

Nodi utilizzati:

- Nodo cappio
- Nodo piatto
- Mezzo nodo piatto intrecciato

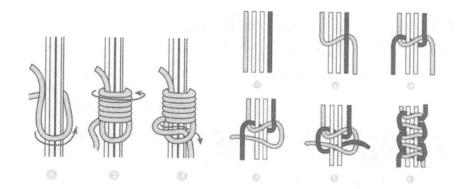

NODO CAPPIO NODO PIATTO

Step:

1)   Taglia 8 cavi di corda di cotone di lunghezza uguale a 4 metri e dividili in gruppi da 4 fili.

2)   In ciascun gruppo, passa i fili dentro un anello così da avere 1,2 m da un lato e il resto dall'altro lato. Annoda gli 8 cavi con un nodo cappio.

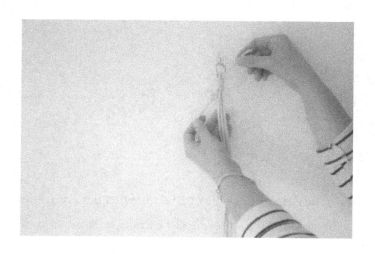

3) PRIMA SEZIONE CON NODO PIATTO.

L'obiettivo è quello di realizzare 16 nodi piatti nella parte superiore dello scaffale. Immetti nei due fili al centro delle perline, invertendo poi i fili centrali che andranno alle estremità. Infine, realizza 5 nodi piatti.

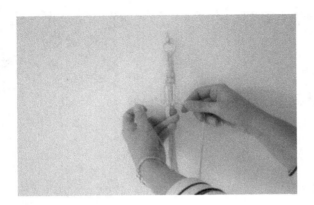

3) Adesso andremo a inserire il primo ripiano dello scaffale. Effettueremo dei fori alle estremità (4 angoli) dell'asse di legno, posti anche a 3 cm dal bordo. Inserire adesso le corde nei fori, quelli posteriori inserire i filil normali, quelli davanti andremo a inserire i fili di macramè.

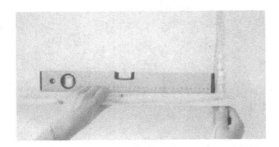

Usa i cavi lunghi per fare due nodi sotto l'asse di legno per fissare le assi, sia anteriore che posteriore. Fai un nodo cappio se l'asse non si fissa bene

4) Una volta fissate le assi procedi con i nodi. È consigliato per una questione estetica, fare delle trecce. Se preferisci, inserisci delle perline.

5) Siamo arrivati alla parte finale. Fai un nodo cappio alla fine del terzo scaffale e taglia la rimanenza di filo. È consigliato lasciare circa 15/20 centimetri.

13. MODERNA FIORIERA IN MACRAMÈ

Le grucce per piante sono belle perché danno alla vostra casa o al vostro giardino la sensazione di uno spazio arioso e naturale. Questo è perfetto per i condomini o i piccoli appartamenti.

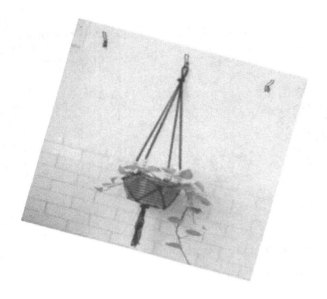

Materiali:

15 metri di corda Par (cavo per paracadute)

Perline di legno da 16 a 20 mm

Passi:

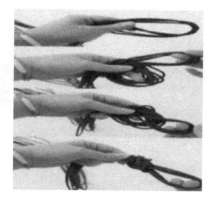

Prima di tutto, piegare a metà 4 fili della corda e poi fare un cappio in modo da poter formare un nodo.

Ora, dividete le corde in gruppi di due e assicuratevi di infilare 2 fili attraverso una delle perline di legno che avete a portata di mano. Infilate qualche altra perlina: almeno 4 per ogni set di 2 fili raggruppati.

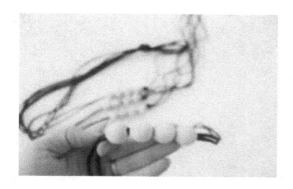

Poi, misurare ogni 70 centimetri e fare un nodo a quel punto. Ripetere questo processo per ogni set di fili.

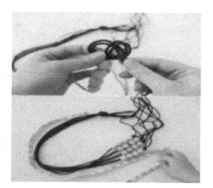

Guardate il set di sinistra del cordone e legatelo alla corda di destra. Ripetete sui quattro giochi in modo da poter fare almeno 8 centimetri dal nodo che avete fatto in precedenza.

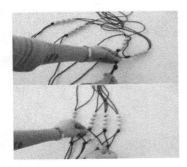

Legate altri quattro nodi dal nodo precedente che avete fatto. Fateli almeno 12 centimetri ciascuno.

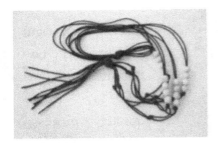

Raggruppate tutti i fili e fate un nodo per finire la fioriera.

CONCLUSIONE

Una volta che hai padroneggiato i semplici nodi di macramè, sei pronto a passare al micro-macramè e a usare i cordoncini setosi (più simili a fili) e le delicate perle di vetro per realizzare splendidi gioielli. Si può anche usare la canapa per creare uno stile di gioielleria più naturale. È anche possibile rendere il vostro artigianato utilizzando pelle, seta, fibra di cotone, coda di topo e lino. Una volta fatti i semplici nodi, ci sono davvero infinite possibilità! Uno dei grandi vantaggi di questo hobby è che con un investimento limitato in attrezzature e materiali, si può iniziare a fare il proprio mestiere. A differenza di altri gioielli in filo metallico o del lavoro a maglia e all'uncinetto, i progetti di gioielli in macramè possono essere facilmente portati a termine in movimento. Non avrete bisogno di rotoli di filo metallico e di attrezzature assortite per lavorare sui vostri progetti, con nient'altro che un robusto blocco per appunti e alcuni materiali molto semplici.

Il macramè è una grande arte e per buoni motivi ha fatto un grande ritorno: è facile da imparare, è economico, ed è semplice da fare.

I disegni macramè vanno da gioielli, appendiabiti per piante, decorazioni per la casa, appendiabiti per porte, borse e cinture. I colori e la consistenza del macramè offrono una vasta gamma di opzioni. I materiali variano da vari spessori di iuta e canapa a spago, nylon intrecciato e fibre di poliestere. Non ci sono solo perline di legno nei progetti al giorno d'oggi, ma anche perline di vetro e ceramica vengono integrate nei progetti.

Il macramè è cambiato... sì, fa tutto parte del ciclo creativo che dura su più livelli. Sia gli artigiani esperti del macramè che gli esperti lo considerano rilassante, divertente, fantasioso e soddisfacente. Per decidere un periodo di tempo che ci vorrà per imparare a macramè dipende da vari fattori come la facilità con cui imparerete questa tecnica. Se lavorate a maglia o cucite da molto tempo, il grado di difficoltà sarà leggermente inferiore, poiché ci sono alcuni paralleli con il processo.

Allora, cosa state aspettando? D'ora in poi, sei sulla strada per diventare un maestro di Macramè, e ti innamorerai di tutto ciò che è macramè. Il mondo del Macrame' ti aspetta, ti prega solo di tuffarti e di iniziare.

Il macramè può anche servire come una strada per iniziare la vostra piccola impresa dei sogni. Dopo aver perfezionato le tue abilità di Macramè, puoi vendere comodamente i tuoi articoli e farti pagare bene per i tuoi prodotti, soprattutto se riesci a realizzare perfettamente articoli come i braccialetti che la gente compra molto. Potresti anche formare le persone e avviare la tua piccola azienda che produce accessori moda Macramè su misura. Le opportunità che Macramè offre sono davvero infinite.

Quindi, state all'erta, continuate ad esercitarvi e a migliorare. Benvenuti in un mondo di infinite possibilità!

LIBRO DI NODI MACRAMÈ

Impara tutti i nodi e tecniche necessarie per poter creare progetti bellissimi.

MACRAMÈ ART

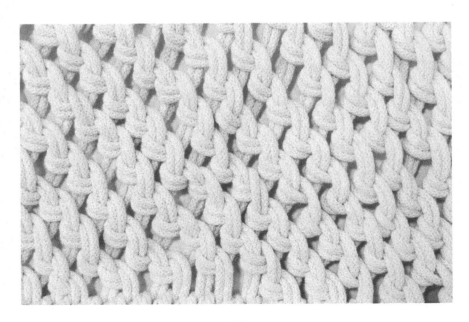

INTRODUZIONE

Il macramè è una tecnica che consiste nell'annodare una varietà di forme geometriche senza richiedere l'uso di ganci, spille o cerchi. L'arte del macramè è emersa intorno al 500 a.C. Quest'arte era usata dai Persiani e dai Siriani per creare i loro abiti. Mentre la maggior parte dei testi afferma che il macramè ha avuto origine nel XIII secolo con i tessitori arabi, la pratica dell'annodatura risale in realtà alla Cina durante l'epoca degli Stati Combattenti (dal 481 al 221 a.C.) o all'epoca delle Dinastie del Nord (dal 581 al 317 a.C.). I cinesi, come gli arabi, usavano nodi elaborati, ritratti di seta, lanterne e tappezzerie.

Gli arabi, tuttavia, furono l'ispirazione per la diffusione del macramè in Europa. Hanno viaggiato dai deserti del Medio Oriente attraverso la maggior parte del mondo fino alle città vicine all'Asia e all'Africa. Infine, l'abilità fu raccolta dai marinai che la combinarono con le loro tecniche di legatura dei nodi. Per legare le corde, i marinai avevano già usato il nodo di scogliera o il nodo quadrato. Alla fine i marinai fusero il nodo quadrato con altre forme di nodi nei loro lavori per fare bellissimi modelli. Fecero cose utili come cordini e coperture per i volanti, così come ornamenti come berretti e cinture. In ogni porto in cui entravano, vendevano i loro lavori portando così l'arte del macramè a persone in vari paesi.

Nello stesso momento, il macramè fu anche introdotto in molti paesi da un'altra comunità di viaggiatori. Questi erano i missionari che decoravano i loro paramenti con il macramè. Monache e monaci usavano il macramè per creare tovaglie, coperte e abiti sacri.

Il macramè divenne popolare nella cultura britannica e americana durante il 19° secolo. Furono prodotti diversi stili di collane usando perline di vetro, amache, frange di campane e cinture. Il macramè è lentamente caduto nell'oscurità nel 20° secolo.

La pratica della legatura dei nodi, però, sta emergendo nel 20° secolo, anche se in modi più nuovi e moderni come abiti alla moda, cappelli, gioielli, berretti, borse e cinture. Il macramè è anche diventato uno dei mestieri più comuni nel 20° secolo, permettendo una gamma infinita di possibilità; utilizzando prodotti come la canapa, il poliestere e la corda di poliestere cerato.

Ci sono diversi modi di annodare, e i metodi di tessitura sono abbastanza comuni in tutto il mondo, anche se gli artigiani argentini tessono in modo diverso da quelli cinesi, tutti si basano sullo stesso nodo quadrato di base. Il macramè ha anche raggiunto livelli più sofisticati di quanto ci si potesse aspettare. Attori, cantanti e influencer dai vertici di Hollywood parlano del macramè. Una moderna tendenza dell'arte è risorta dal Giappone all'Argentina, e viene usata per decorare aziende e residenze private, hotel di lusso, e abiti da vetrina che vengono usati per modellare i capi di abbigliamento e per le performance sul palco. È usato in film e scene teatrali uniche e crea tutti i tipi di disegni indossabili.

L'esecuzione della varietà di nodi può migliorare braccia e gambe. Creare un progetto rilassa abbastanza la mente, il corpo e lo spirito. Molti progetti in questo libro richiedono un'attrezzatura minima e coinvolgono materiali senza sostanze chimiche o fumi. Esempi di progetti variano da gioielli in macramè e appendiabiti per piante ad accessori per la casa, appendiabiti a muro, e a borse e cinture.

Insieme ai professionisti, gli artigiani dilettanti del macramè lo considerano rilassante, divertente, fantasioso e appagante. Per coloro che vogliono solo usare e apprezzare i progetti finiti, ci sono sempre più opzioni per il meraviglioso macramè per aiutarli a completare il design della loro casa, il guardaroba e lo stile personale. Per molte persone, il macramè è una tecnica complicata e difficile. Il motivo per cui la gente lo trova difficile è dovuto al fatto che l'arte del macramè si basa sull'apprendimento di diversi tipi di nodi. Così, le persone vengono sopraffatte e smettono di imparare l'arte. Tuttavia, se si inizia con un paio di nodi e modelli di base, sarà molto più facile imparare e padroneggiare questa favolosa arte. Si raccomanda che un principiante inizi con un nodo quadrato di base. Questo nodo è uno dei più basilari e importanti nodi macramè. Inoltre, è un nodo super facile da provare che i principianti possono provare nelle fasi iniziali del loro apprendimento.

CAPITOLO 1: NODI DI BASE DEL MACRAMÈ

I progetti nel macramè sono affascinanti, ma sembrano ancora troppo complessi e impegnativi da realizzare. Non ci crederete, ma l'architettura della maggior parte dei progetti di macramè è incentrata sulle varie combinazioni di pochi semplici nodi!

Ecco alcune parole che devi imparare prima di iniziare:

Annodatura a corde. Questa è la corda o l'insieme di corde usate per creare il nodo di un determinato filo.

Corda che porta il nodo. È la corda, o il gruppo di corde avvolte insieme dalle corde di annodamento.

In uno schema di macramè, la corda per annodare e la corda portanodi si spostano passo dopo passo. Per esempio, avrete una corda portanodi mentre lavorate il mezzo nodo diagonale, ma ci saranno diverse corde per annodare che operano sulla stessa corda portanodi una dopo l'altra.

Sennit. Questo si applica a una sequenza lavorata replicata dello stesso identico filo. Per esempio, se si creano sei punti di mezzo nodo in una linea, allora si avrà un sennit di sei mezzi nodi.

Quando conosci questi nodi, puoi creare praticamente qualsiasi progetto tu voglia!

Adesso ci addentreremo in una serie di nodi non molto difficili da realizzare. Basta un po' di impegno e il gioco è fatto!

NODO QUADRATO

Questo nodo consiste in due legami piatti, collegati in direzioni diverse. Prendere due fili e fare due nodi a testa di allodola (che vedremo in seguito). Una volta ottenuti 4 fili, andremo a lavorare con le due estremità laterali (fili 1 e 4) (cavi operativi); i cavi da non utilizzare sono i due centrali. Posizionare l'estremità sinistra sopra i fili nel mezzo, e l'estremità destra sotto di loro. Ora ripeti l'intero processo dal passo 1, ma inizia con il filo destro operativo. Tirando le estremità si stringono i fili. Ecco il Nodo Quadrato!

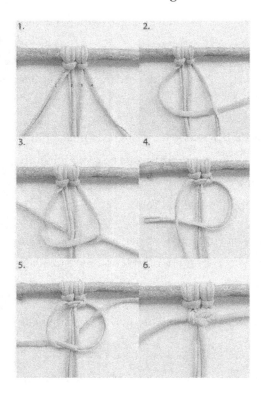

MEZZO NODO

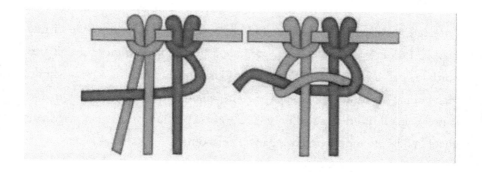

Il Mezzo nodo scorre su quattro corde. Le corde di annodamento sono le due corde esterne, e le corde che portano il nodo sono le due corde centrali. Posizionare la corda di sinistra sulle due corde portanti del nodo a nord, e sotto il cavo destro di annodamento. Posizionare il cordone destro di annodamento a sinistra sotto i due cordoni portanodi e sul cavo sinistro di annodamento. Se si aziona un mezzo nodo sennit, cominceranno a crearsi dei nodi a spirale, naturalmente.

NODO DI GANCIO

I nodi possono essere orizzontali, longitudinali o triangolari, dipende dall'orientamento del filo di base (se lo si posiziona ad angolo in piano o in diagonale).

Facciamo ora i ganci orizzontali. Trascinate la corda di sinistra sopra le altre corde fino a quella opposta (che sarebbe un filo di riferimento). Costruire la seconda corda con il Doppio Mezzo Gancio su di essa. Attaccare invece il terzo cordone attraverso il Doppio Mezzo Gancio, ecc. Si tratta di una disposizione del doppio nodo- il grande nodo Macramè.

Otterrete un gancio orizzontale dopo aver attaccato tutte le corde di una coppia. Di nuovo, attraverso un cordone a bordo piatto sopra tutti gli altri cordoni, come al punto 1. Potete riprodurlo quanto volete. Questo nodo viene utilizzato molto spesso nei progetti, quindi è bene impararlo. Quando si posiziona il filo di base ad un tale angolo, si produce un gancio diagonale che è in qualche modo vicino al gancio orizzontale.

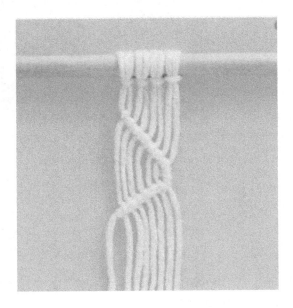

GANCIO VERTICALE

Si tratta di una forma di gancio che tende a fare un lavoro molto spesso ed è tipicamente usato per creare cravatte, altri oggetti e anche tappeti e decorazioni murali. I fili di partenza si trovano in verticale. Creare un doppio nodo su ogni corda di base, cominciando dalla corda più esterna di sinistra (sarà la nostra corda di lavoro che sarà almeno sei volte più lunga di quella dei fili di base). Posizionare il filo di base spesso sopra il filo di lavoro. Andare da sinistra a destra. Poi spostarsi nell'altra direzione, da destra a sinistra, e così via.

MEZZO GANCIO DIAGONALE

È identico al mezzo nodo orizzontale di cui sopra citato. La distinzione è che una corda che porta il nodo è fissata diagonalmente fino all'esecuzione dei nodi. Di seguito sono riportate le linee guida:

Legare il tassello alle corde con un nodo a testa ti allodola alternato. Nel nostro caso, il filo portante del nodo sarà il cordone sinistro, e tutti gli altri fili saranno cordoni avvolgenti. Sigillate la corda del nodo portante con un ago a lato dei cordoni. Mettete la vostra corda portante del nodo sopra i fili di annodamento in diagonale. Bloccare questo a destra dei cordoni. Iniziare con la corda per annodare per prima (più a sinistra). Arrotolatelo intorno e sotto il vostro filo portanodi.

Allacciatela di nuovo intorno alla corda che porta il nodo, e poi legatela nella connessione che si è formata tra di esse. Seguite le due misure precedenti da sinistra a destra per ogni filo porta-nodi, prima di incontrare il bordo diagonale. Questa è una Mezza Linea Laterale, da sinistra a destra.

NODO AD ANELLO

Creare un nodo ad anello è semplice. Fate solo un cappio su un'altra corda con un cavo.

Si procederà ad attaccare i loop sulla stessa corda, o a turno su entrambe le corde.

NODO TESTA DI ALLODOLA

Tipicamente usato per guarnire i bordi delle parti di Macramè è il nodo Frivolité (a volte chiamato nodo testa di allodola). Prendere un filo e piegarlo a metà. Dopodichè posizionarlo sul tassello e con le due estremità entrare nella curvatura della corda (data dal piegamento di essa).

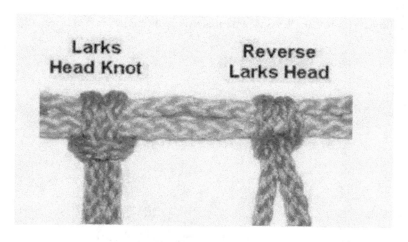

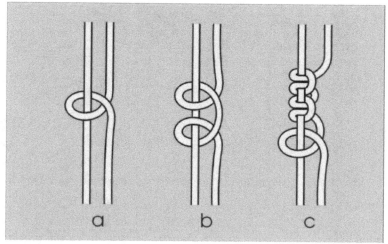

NODO TESTA DI ALLODOLA INVERSO

Un'alternativa comune per collegare i cordoni di macramè al tassello, alla corda o alla catena al culmine del progetto è il nodo testa di allodola inverso. Piegare un cordone a metà del tassello. Mettetelo con l'occhiello verso il basso con i fili rivolti verso l'alto sotto il tassello. Spostate il cappio sopra il tassello.

Tira giù i fili attraverso l'anello. Spingete insieme i due fili per fare il nodo alla punta.

NODO QUADRATO ALTERNATO

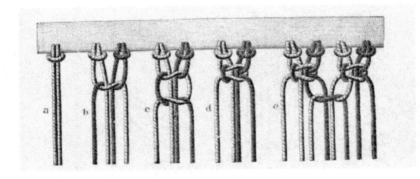

Per fare i nodi quadrati alternati, avrete bisogno di 8 corde

Fai un nodo quadrato con ognuno dei quattro gruppi di corde. Che i nodi siano uno accanto all'altro

Ora, usa la terza corda e la quarta corda dei nodi quadrati di sinistra per formare un'altra fila di nodi quadrati con il 1° e il 2° nodo quadrato del lato destro.

Poi fai un altro nodo quadrato usando il 2° e il 3° nodo del lato destro come corde per annodare. Usare il 1° e il 4° cordone come cordoni portanti del nodo.

Notate che quest'ultimo nodo quadrato che farete deve combinare alternativamente i cordoni superiori con quelli inferiori.

NODO DEL VENTO

Questo nodo è usato per legare insieme molti fili, spesso alla fine del progetto, e per fare una nappa. Posizionare il filo extra raddoppiato, sopra tutti i fili. Poi avvolgere il filo più lungo (dal basso verso l'alto) intorno agli altri fili. Trascinare l'estremità fino alla sequenza dei fili di collegamento. Poi tirate giù il filo e coprite l'estremità corta di una corda nella nappa, se possibile.

NODO A BARILE

Questo nodo è anche collegato alle estremità delle nappe. Questo li rende ordinati e personalizzabili. Crea da quattro a sei anelli di finitura della corda. Spingi la parte superiore, poi chiudi il nodo.

GRANDE NODO BARILE

Solo più lungo (circa 2 pollici), identico al nodo precedente. Ottimo per rifinire le estremità della corda in cose come appendimenti a muro, appendini per piante, ecc. Allunga la corda in modo che ogni estremità sia almeno cinque volte più grande della lunghezza del nodo finale - circa 10 pollici - per creare un bel nodo lungo. Legare l'estremità più lunga saldamente 7-10 volte intorno a entrambi i fili a partire dalla punta. Poi portate l'estremità verso il basso fino all'anello. Quindi, fai il nodo, spingilo verso l'alto e tiralo giù delicatamente (movimento di scorrimento). Questo potrebbe richiedere più lavoro! Tagliare il filo in più.

NODO A SPIRALE

Questo produce una bella elica o anello di DNA. È particolarmente adatto ad essere usato per fare appendini per le piante. Inoltre, questo nodo è un nodo quadrato ma collegato ripetutamente. Il nodo viene bilanciato, creando una spirale che gira. Iniziare piegando il cordone di lavoro a sinistra, passandolo sopra i cordoni di riempimento, e sotto il cordone operativo destro. Spostare il cordone destro dietro le sue corde di riempimento, poi trascinarlo nell'anello del cordone. Tirare dolcemente entrambe le corde. Ripetere costantemente le misure di cui sopra fino a quando la lunghezza desiderata è nella spirale.

NODI DI COLLEGAMENTO

Questo nodo è utile quando si collegano due o più fili. Può anche essere utilizzato nel Macramè.

NODO A BORDO CHIARO

Spesso questo strumento è usato per completare una funzione di macramè se non si vogliono lasciare nappe. Il filo verso il bordo è usato come base. Creare il doppio nodo con il filo successivo su di esso, poi collegare prima il filo operativo al filo di base. Costruire il prossimo filo operativo - ora su due fili di base. Procedere prima che entrambi i fili siano assemblati in un pacchetto. Dividere i lati.

NODI DI MONTAGGIO

Prima di tutto, calcolate la lunghezza del filo che userete per il vostro lavoro. Ecco una linea guida (non rigida ma utile) - la durata del filo deve essere circa 4 volte più lunga dell'oggetto che vorresti realizzare. Quando raddoppiate il filo, deve essere 8 volte più lungo. Tuttavia, la durata del filo dipende dalla natura della ricerca potenziale (quali nodi sono usati, quanti nodi sono usati), e lo spessore del filo (filo più spesso - più peso).

Una volta calcolata la lunghezza del filo, si può legare ogni filo al cuscino. Il modo più popolare per fare questo è (filo raddoppiato facendo due estremità), chiamato il nodo di testa dell'allodola (nodo Frivolite). Bisogna legare ogni filo indipendentemente, spesso. Può essere usato non solo per installare ma anche per costruire Macramè. O il metodo più semplice per fissare il filo: basta fissarlo con dei bastoncini! Quando si costruisce un oggetto Macramè stretto (cintura, collana, ecc.), l'approccio va bene. E poi, c'è un esempio di impilamento decorativo del filo. Questo è l'installazione del nodo Picot.

NODO AVVOLTO

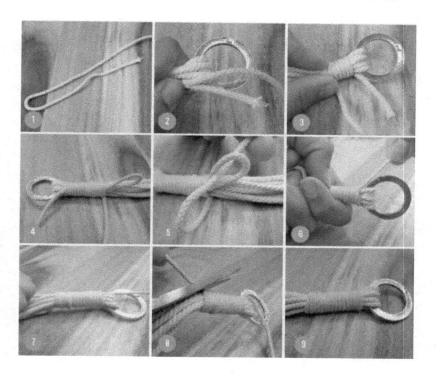

I nodi di avvolgimento si fanno raggruppando alcune corde e formando un anello mettendo la corda da annodare sopra la parte superiore delle corde raggruppate.

1.   Avvolgere dolcemente intorno al gruppo di corde con le corde da annodare finché l'anello è quasi completamente coperto dagli avvolgimenti.

2.   Quando l'anello è quasi completamente coperto, l'estremità della corda da annodare deve essere tirata attraverso l'anello in fondo al nodo incompleto.

3.   Tirare la corda per annodare nella parte superiore del nodo.

4.   Assicurati che il cappio sia ben confezionato e oscurato completamente all'interno delle fasce.

5.   Ora, usa le tue forbici per rifinire e tagliare tutta la lunghezza in eccesso dei cordoni sul cordone superiore e inferiore. Fate questo molto vicino alle fasce del nodo.

NODO A MEZZO PUNTO DOPPIO

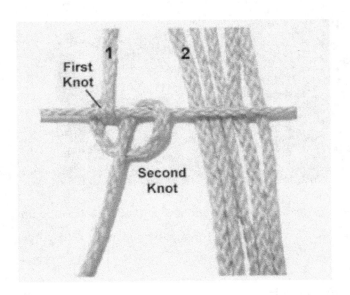

Questo si riferisce essenzialmente all'annodamento di due nodi a mezzo punto. Segui queste istruzioni per fare un doppio nodo a mezzo punto.

1.   Prima annoda un mezzo punto.

2.   Poi usa il cordone per annodare per andare sopra il secondo cordone, creando un anello.

3.   Passa il cordone da annodare attraverso l'anello e avrai un bel mezzo punto doppio.

CAPITOLO 2: NODI MACRAMÈ AVANZATI

Questo capitolo è una galleria di nodi con indicazioni complete per unire diversi nodi semplici e speciali.

I seguenti sono i nodi decorativi usati nella maggior parte dei disegni di Macramè. Per imparare il Macramè correttamente, suggerisco ai principianti di praticare TUTTI i nodi semplici e antichi di questa lista. Non dovreste lanciarvi nella creazione di alcuni progetti prima di aver imparato i nodi. I nodi retrò sono i nodi decorativi che venivano usati alla fine del 1800-1900. Molti nodi prodotti durante questo periodo sono anche molto rari, e nei moderni libri di Macramè, potreste non trovarli.

Il Macramè cinese comprende molti nodi che possono essere mescolati in modi affascinanti. Alcuni esistono da più di duemila anni. Intere famiglie hanno creato diverse combinazioni intricate per costruire i moderni nodi cinesi. Iniziate a praticare questi nodi molte volte per avanzare in un nodo quadrato, prima di poterli fondere per creare le vostre opere d'arte.

NODO DELLA CATENA

Per creare una corretta catena singola, segui le istruzioni qui sotto.

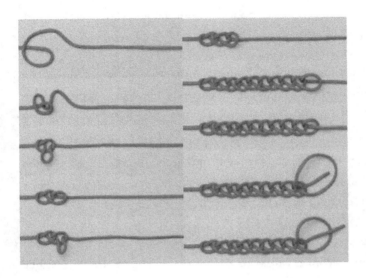

1.   Per prima cosa, tagliate due pezzi di un filo di uguale lunghezza. Tenetene uno in entrambe le mani.

2.   Il filo di destra è il filo per annodare, usalo per annodare il portanodi sulla mano sinistra.

NODO A CATENA DOPPIA

La catena doppia è simile alla catena singola, ma questa volta, invece di usare due fili, ci saranno quattro fili usati - due fili per annodare e due fili per portare i nodi. La tecnica è la stessa.

NODO SENNIT – QUADRATO

NODI DI BLOCCAGGIO

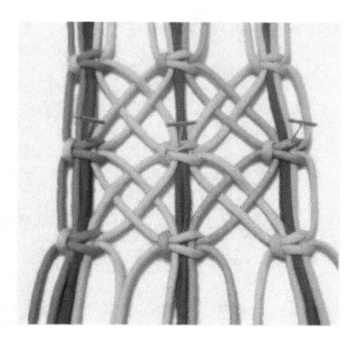

Questo nodo può essere usato per produrre cose come cinture e braccialetti. Hai bisogno di sei corde di due metri piegate a metà, fissate alla parte superiore del tuo piatto. Metteteli in tre gruppi distinti di quattro, e metteteli ad almeno un pollice l'uno dall'altro. Gli schemi di bloccaggio richiedono nodi quadrati per avere una linea orizzontale dritta.

Legare un nodo quadrato, poi aggiungere una striscia di nastro su di esso, posto orizzontalmente su tutte le corde. Legare un nodo quadrato con quattro corde su ogni lato. Fate in modo che si allineino orizzontalmente. Identificare i riempitivi e posizionarli vicino con una serie di corde. Nella funzione successiva i cordoni Quattro, Cinque, Otto e Nove devono essere incrociati. Spostate il cavo Cinque sotto il cavo Quattro dalla parte centrale, spingetelo a sinistra accanto al cavo di riempimento Tre. Spostate il cavo Otto sotto il cavo Nove, poi spostatelo a destra accanto al cavo Dieci di riempimento. I cordoni Quattro e Nove staranno nel mezzo tra i cordoni di riempimento Sei e Sette. Continuare il terzo passo. Passando il cavo Quattro sotto il cavo Cinque, scambiate di nuovo i due cavi funzionanti nella sezione centrale. Spostare il cavo Nove sotto il cavo Otto. Continuare la Fase Quattro. Verificare che i bordi siano puliti. Controllare che la differenza tra le tre file sia equivalente. Ripetere la fase Tre per ottenere il NODO QUADRATO sulla quarta tavola.

NODO FIOCCO DI NEVE

La costruzione del fiocco di neve è fatta da nodi quadrati che sono organizzati per creare una forma arrotondata di diamante. Al centro c'è un nodo denso. Tagliare dodici corde, ognuna larga 36 pollici. Attaccateli a dei perni su una parete di progetto. Le corde sono etichettate internamente da Uno a Dodici.

Fai un nodo quadrato a sinistra con le corde da Cinque a Otto. Usare da Tre a Sei corde per collegare un nodo quadrato SINISTRO. Per fare un nodo quadrato di DESTRA usa le corde da Sette a Dieci. Fare un nodo di quadrato. Fare un nodo nel quadrato di DESTRA con nove a dodici corde.

Legare solo i fili scuri al nodo successivo. Spostare il filo B sopra i riempitivi e dirigersi a sinistra sotto il filo A. Iniziare a spostare il filo A sotto i riempitivi o sopra il filo B, dirigersi a destra. Chiudere bene il nodo. Passare al di sopra della finestra della linea spettrale. Spostare lateralmente i due divertenti cordoni funzionanti (A) e spostarli attraverso una delle anse. Attaccare la colla tra le anse all'interno del campo. Togliete la roba in eccesso, finché la colla non è asciutta. Passo 9, continuare: Collegare le corde scure a una cravatta piatta di finitura, come una cravatta a barile. Applicare l'adesivo prima di premere. Poi rompere il contenuto in eccesso quando è chiaro. Se si usa Paracord o una corda di nylon, bruciare le punte di tali corde con una fiamma.

ATTACCO A GAROFANO

L'attacco a garofano è un nodo Macramè abbastanza comune e può essere usato in progetti Macramè con molte varianti. Offre una tenuta potente per un buon risultato, ed è per questo che è così comune. Avrete bisogno di una corda, lunga almeno diciotto pollici. Avrete anche bisogno di tenere il nodo da un tassello.

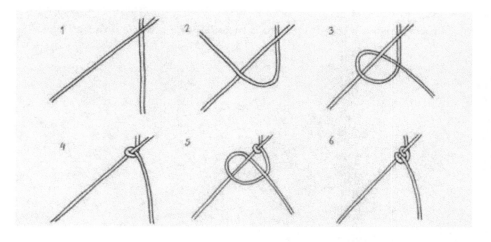

Potete fissare questo nodo a un occhiello circolare o quadrato, a un manico di borsa, o anche a una corda di sostegno in un progetto Macramè. Fissa un'estremità della corda davanti al tassello, sulla tua superficie di lavoro, o sulla tavola del progetto. Spostate sopra il tassello, poi sotto di esso, l'estremità del lavoro. Portarlo leggermente a destra del bordo. Tirare l'estremità all'indietro e a sinistra per completare il cerchio corretto, passando la sezione protetta. Sapere che un cerchio ha spesso un punto di intersezione. Iniziare il cerchio sinistro passando sotto il tassello, a sinistra del cerchio destro, il bordo di lavoro. Completare il cappio sinistro spostando l'estremità di lavoro nel campo tra i due cappi sotto il cordone e andando all'indietro.

NODO A TRIANGOLO

Il nodo a triangolo è un nodo classico del Macramè che non è più molto usato. Dividi una corda da 18 pollici a metà per usarla, e attaccala verticalmente alla tua scrivania. Ci sarà un anello in cima quando il nodo è stretto. Se non hai bisogno del cappio, puoi creare il nodo a triangolo con due corde. Poi, costruisci il nodo su un telaio da progetto, usa le corde, prima di poter usare i bastoni. Poi, procedi a legarlo senza gli spilli in mano. Spingete la metà sinistra del cordone sotto la metà destra e formate un'ansa.

Organizza la metà sinistra in orizzontale, poi aggiungila al muro. Assicurati che la distanza tra l'ansa e il centro del cordone sia PICCOLA. Porta la metà destra del cordone sotto entrambe le parti dell'ansa, tornando verso il centro del cordone. Tirarla fuori in modo che possa momentaneamente sistemarsi al centro del cordone sopra l'area protetta. Prendete la metà destra del cordone in diagonale attraverso l'ansa, passando sopra-sotto le due sezioni vicino al pendio. Assicurati che non ci sia nulla di piegato in modo che il nodo sia pulito. Spingi la metà destra della corda per fissare il nodo verso l'alto. Tirare a metà a sinistra per stringere l'ansa. Riduci la dimensione dell'area piegata quando hai bisogno di un'ansa mentre stringi.

NODO DELLA BROCCA

Il nodo della brocca è un nodo architettonico insolito e non molto conosciuto. A volte viene chiamato "Glass Sling".

NODO CELTICO QUADRATO

Il nodo quadrato celtico è incentrato su un motivo comune tra gli artisti celtici, e raffigura lo sviluppo dell'universo. È anche chiamato il nodo della scatola, perché è spesso tagliato in cima alle scatole fatte a mano.

In genere, il cerchio alla fine è più largo degli altri.

NODO DI SALOMONE

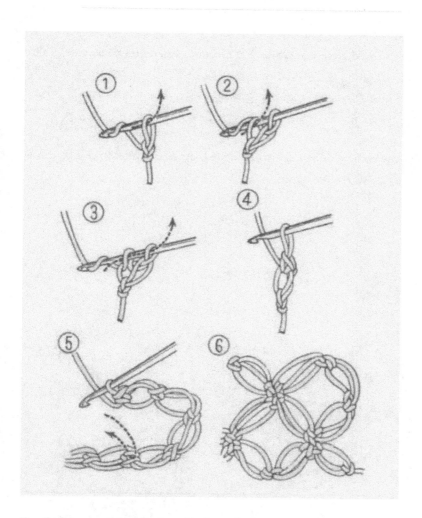

Per farlo correttamente, segui le istruzioni qui sotto:

1.   Hai bisogno di quattro pezzi di filo per fare questo.

2.   Ora dovresti afferrare i due fili al centro dritto mentre metti leggermente il filo del lato sinistro sopra di loro.

3.   Ora metti il filo di destra sopra il filo di sinistra e poi sotto i fili centrali.

4.   Poi tirate il filo di destra attraverso l'occhiello di sinistra e stringete.

5.   Mettete leggermente il filo di destra sopra i fili centrali allo stesso modo di quello di sinistra all'inizio.

6.   Ora metti il filo di sinistra sopra il filo di destra e poi sotto i fili centrali.

Una volta che riuscite a stringere abbastanza bene da incontrarsi con la prima parte del nodo, avrete formato un Nodo di Salomone.

NODO PICOT

1.   Prima di tutto, tieni fuori quattro fili centrali, uno per ogni foglia.

2.   Fai dei nodi di Salomone con i due fili al centro mentre sono tenuti dritti

3.   Ora fai passare questi due fili centrali nello spazio tra le due foglie

4.   Usare uno dei fili centrali per fare un nodo singolo sul filo di sinistra.

5.   Poi, per avvolgere il tutto, usa l'altro filo per annodare il filo rimasto a destra.

MACRAMÈ

Fai da te

Libro per Imparare Nodi Semplici e Avanzati. 32 Progetti
Illustrati Passo Dopo Passo per Realizzare Bellissimi
Accessori e Decorare la Tua Casa.

MACRAMÈ ART

PROGETTI

FOGLIA DA PARETE O PORTACHIAVI

Materiali:

- 5 mm di corda di macramè (3 m faranno un 15 cm di lunghezza)
- Forbici
- Spazzola o pettine per grattugiare

Passi:

Passo 1: Decidi il tipo di piuma che vuoi fare. Scegli la lunghezza della tua corda. Una volta scelta la misura, taglia la corda a metà di questa lunghezza - 30 cm se sarà lunga 15 cm - poi piegala a metà e fai un nodo ad anello all'estremità.

Passo 2: Tagliare 18 metri di corda alla lunghezza desiderata, in questo caso 15 cm. Puoi ora legare ogni filo al pezzo principale del cordone usando un nodo di allodola (a destra e a sinistra); questo è uno dei più importanti nodi di macramè ed è un ottimo modo per ottenere un buon risultato.

Passo 3: Per fare il nodo a coda di rondine, piegare il cordone di 15 cm a metà e infilarlo sotto il tuo braccio destro, poi tirarlo in avanti e indietro attraverso il cordone al collo per creare il tuo nodo; stringere bene. Ripeti questo processo, alternando i lati, in modo da lavorare verso il fondo della lunghezza.

Passo 4: Una volta che hai annodato tutte le lunghezze e creato la tua forma, fai tutti i nodi allo stesso modo verso l'alto e stringili bene.

Passo 5: Usare una spazzola o un pettine per spazzolare la foglia, separando la corda di macramè in fili più piccoli. Una spazzola da toelettatura per animali domestici funziona brillantemente per questo.

SOTTOBICCHIERE IN MACRAMÈ

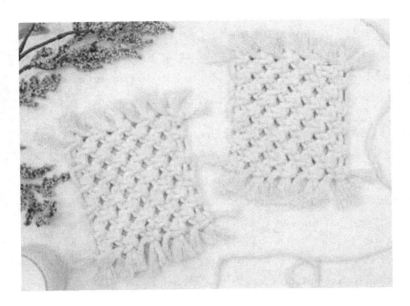

Ora ti spiegherò come fare un semplice sottobicchiere con due nodi facili: il nodo testa di allodola e il nodo quadrato. Una volta che avrai imparato queste due mosse, sarai sulla buona strada per iniziare il progetto.

Materiali:

- 8 corde da 4mm
- Un paio di forbici
- Un appendino

Passi:

Passo 1: Fai un nodo testa di allodola con la corda sull'appendino

Ripeti questo nodo con le tue 7 corde rimanenti fino a quando tutte le 8 corde sono attaccate.

Passo 2: Fai dei nodi quadrati

Noterai che hai 16 ode con cui lavorare dopo aver attaccato le tue 8 corde con il nodo testa di allodola. Separa queste 16 code in 4 gruppi di 4. Con le prime 4 corde, incrociare la coda di sinistra sopra le due code di mezzo. Incrocia la tua coda destra sotto le due code di mezzo e fino all'occhiello di sinistra. Tira tutta la coda! Ripeti i passi, scambiando la coda destra e sinistra per invertire il nodo.

Passo 3: Completa la tua prima riga nodi quadrati

Ripeti lo step 2 con le restanti 12 code per completare la tua prima fila di 4 nodi quadrati.

Passo 4: Crea nodi quadrati alternati

La buona notizia è che sai come farlo! Quando stai cucendo la tua prima fila di nodi quadrati, metti le tue due code a sinistra e a destra sul lato destro, e usa solo le tue 12 code interne per creare 3 nodi quadrati. Quando si esegue il terzo giro seguente, si utilizzano tutte le 16 code all'interno per creare 4 nodi quadrati, simili al primo giro.

Passo 5: Finisci il taglio

Esci dal lato che hai appena finito, lasciando un'apertura verso l'interno. In seguito, taglia il filo che si è avvolto intorno all'appendino, lasciando un'apertura anche da questo lato. Prendi un pezzo di legno all'estremità del filo per svitarlo un po' e girarlo in una frangia.

Prendi un bicchiere di vino freddo e fai un brindisi!

MENSOLA SOSPESA IN MACRAMÈ

Materiali:

- Disco di legno rotondo
- Una matassa di cotone
- Un righello
- Forbici

Passi:

Passo 1: Iniziare determinando l'altezza in cui vuoi che il tuo scaffale sia. Misura questa distanza dal soffitto e aggiungi da 60 a 90 cm a quella altezza.

Passo 2: Misurare altri quattro pezzi di corda di questa determinata lunghezza.

Passo 3: Lega questi 4 pezzi in un unico nodo lasciando circa 60 cm dalla fine della corda.

Passo 4: Legare i quattro pezzi di corda in un altro unico nodo a circa 60 cm dalla fine dell'altra corda.

Passo 5: Prendi questi 30/60 cm di corda e comincia a sfilacciarli separando il punto in cui i due fili della corda si avvolgono l'uno sull'altro

Passo 6: Appendi la corda a un gancio incastrato nel tuo soffitto e posiziona il disco all'interno delle corde, sostenuto da una corda su ogni lato e dal nodo sotto.

Passo 7: Assicurati che sia tutto finito e che sia pronto per il suo utilizzo!

LUCI A SOSPENSIONE IN MACRAMÈ

Per personalizzarlo ancora di più, ho aggiunto un po' di vernice in polvere per dargli un aspetto più asciutto e dorato che metta in risalto l'eleganza della mia casa.

Materiali:

- Corda di cotone da 6 mm
- Cavo della luce

- Lampadina
- Forbici
- Staffa di legno per scaffali

Passi:

Passo 1: Tagliare il cordone di cotone macramè a circa 10 lunghezze del tuo corpo. Trova il centro e fissalo con un nastro adesivo. Arrotolare ogni lato in modo che sia maneggevole e posizionare la parte superiore del cavo della lampada in cima al centro del cavo macramè.

Passo 2: Rimuovi la maniglia una volta che hai allineato le corde. Per fare il nodo, spostare il lato sinistro sul cavo della lampada, creando una forma a triangolo. Posiziona la parte destra sopra la parte sinistra, due volte dietro la parte della lampada e attraverso la parte posteriore della parte sinistra. Tirare bene per creare un nodo quadrato a sinistra.

Passo 3: Fai scorrere questo nodo lungo tutto il cavo della lampada, permettendogli una torsione naturale. Se si esaurisce il filo di metallo prima di risistemare l'estremità desiderata del filo della lampada, si può tagliare l'estremità e ricominciare da dove si è lasciato con un'altra lunghezza di filo. Sarà quasi senza soluzione di continuità.

Passo 4: Quando raggiungi il tuo punto finale, finisci il filo della lampada facendo un nodo finale. Tagliare la corda. No, non ho tagliato l'intera lunghezza del filo perché era troppo lungo e non sarebbe stato visibile una volta appeso. Io consiglio di misurare in anticipo per evitare un lavoro inutile.

Passo 5: Per abbracciare la luce, appendi una mensola di grandi dimensioni alla parete. Inserire la parte superiore del cavo della lampada attraverso il centro della staffa e lasciarlo penzoloni verso l'alto. Inserire una lampadina di qualsiasi tipo e inserire la lampada in una presa di corrente. Questa luce crea una bella atmosfera!

LAMPADARIO IN MACRAMÈ

Materiale:

- Cerchio di ottone o qualsiasi altro metallo (4 pezzi – il diametro dipende dalla lunghezza delle frange). Es. Prendere

Prendere 4 pezzi di ottone uno più grande dell'altro, es. 1) 30 cm di diametro, 2) 20 cm di diametro, 3) 10 cm di diametro, 4) 5 cm di diametro.

- Forbici

- 4 Frange (per la larghezza basatevi sulla lunghezza del cerchio di ottone)

Per il calcolo della lunghezza prendere l'anello di ottone e tirare la circonferenza con la frangia. Se l'anello viene ricoperto tutto, allora la lunghezza va bene. Se non è sufficiente e ricoprire tutto, allora dovrete aumentare la lunghezza.

- Pistola per colla
- Corda

Passi:

Passo 1: Incolla a caldo la prima frangia più lunga (50 cm) sull'ottone. Lascia asciugare.

Passo 2: Ripeti la stessa cosa con le altre frange. Una volta che l'hai incollato, taglia via la frangia in più (non sovrapporla).

NB: Incollare il cerchio di ottone all'interno della frangia a circa metà.

Passo 3: Fai la stessa cosa sul prossimo anello con la frangia più piccola.

AMACA A SEDIA

Materiali:

- Sedia circolare, come nella foto
- Carta vetrata
- Bomboletta spray
- 85 m di corda in nylon bianca
- Forbici

Passi:

Passo 1: Iniziare rimuovendo ogni traccia di vernice.

Passo 2: Poi con uno spray colore metallico, verniciarla tutta.

Passo 3: Per realizzare l'amaca macramè, taglia 16 corde di lunghezza 5 m cad. Il tuo compito sarà quello di piegare il filo a metà e annodarlo, il che ne aumenterà la lunghezza.

Passo 4: Usando una corda piegata a metà, legarla intorno al telaio del bordo della sedia, tirando le estremità attraverso il telaio per fissarla. Continuare a legare tutte le corde lungo il bordo in questo modo.

Passo 5: Per realizzare il modello, userai un macramè a maglia. Con la prima fila di corde (4 corde di lunghezza superiore) si fa passare la parte sinistra del filo e la parte inferiore del cordone destro. Tienilo dentro con il dito.

Passo 6: Ora farai l'opposto. Prendi il cordone destro e avvolgilo sotto il centro di due cordoni e attraverso il foro, fino al cordone sinistro.

Passo 7: Per completare il lavoro, si riprendono i punti 7 e 8 a destra e a sinistra. Incrocia la parte destra sopra la corda centrale attraverso il foro e sotto la corda sinistra. Prendi il cordone sinistro e fallo passare sotto il cordone anteriore, attraverso la cerniera e il cordone destro. Stringere il nodo.

Tagliare il nodo.

Passo 8: Sul prossimo giro, iniziac il nodo quadrato con la terza corda. Usa due corde del primo gruppo e due delle corde più vicine del gruppo successivo per fare il prossimo nodo quadrato.

Passo 9: Quando hai fatto l'amaca meccanizzata, annodala in due a partire dalla parte anteriore della sedia. Tagliare l'eccesso di corda.

Opzionale: Per prevenire lo sfrangiamento, incendiare l'estremità di una corda.

Passo 10: Con un pezzo di corda in più, raccogliete tutti i pezzi di corda che formano il cordone e metteteli insieme.

PORTACHIAVI INTRECCIATI IN MACRAMÈ

Questo è un ottimo macramè per principianti, e quando viene ripetuto, questo nodo quadrato sinistro crea un bellissimo motivo attorcigliato che sembra molto più complicato di quanto non sia!

Materiale:

- Corda da 6mm in cotone
- Forbici
- Anello portachiavi
- Perline

Passi:

Passo 1: Tagliare due pezzi di corda da 90 cm

Passo 2: Piega ogni pezzo a metà, infilalo in un anello portachiavi e tiralo attraverso il filo per fissarlo. Ripetere l'operazione con il secondo pezzo in modo che si trovino uno di fianco all'altro sullo stesso anello portachiavi con il primo pezzo di lunghezza superiore.

Passo 3: Fissare l'anello (anche con un pezzo di scotch) in modo che rimanga fisso e stabile. Partendo solo dalle due corde esterne (le due corde centrali non devono essere toccate), fai una forma di triangolo sulle corde centrali con la corda sinistra. Metti il cordone destro sopra, attorciglialo dietro i pezzi centrali e tiralo attraverso la forma del triangolo. Tirare forte per formare un nodo quadrato a sinistra.

Passo 4: Continuare questo stesso nodo sullo stesso lato circa 4-5 volte. Comincerà a girare da solo. Poi si aggiunge un bastone sul lato destro della metà della terza fila, si fa il nodo, si ripete il nodo ancora diverse volte, si aggiunge un altro bastone sul lato sinistro e si annoda ancora un paio di volte.

Passo 5: Quando hai raggiunto la lunghezza desiderata del portachiavi, tira fuori un altro pezzo di corda di circa 20 cm di lunghezza. Posizionarlo con il lato rivolto verso l'alto e fare un anello. Stringere il lungo e tutto il cordone 2-3 volte nella parte inferiore del nodo più lungo, tirando bene. Infilare l'estremità nell'occhiello e tirarla verso l'alto sul terzo filo per fissarla saldamente.

Passo 6: Ritagliare l'eccesso dalla parte superiore del nodo longitudinale e pareggiare i pezzi che pendono dal fondo del portachiavi.

Scioglieteli per creare una frangia simile a una nappa per finire il filo. Rimarrai stupito da quanto sia possibile creare dei portachiavi unici, una volta che avrai capito come funziona! Non vedo l'ora di continuare ad aggiornarmi e imparare altre tecniche!

PORTAVASO IN MACRAMÈ

Materiali:

- Vaso
- 36 m di corda

- Anello metallico
- Forbici

Passi:

Passo 1: Prendete i 36 m di corda e piegarla per nove volte, facendo una lunghezza di 4 m. Dopodiché piegate il tutto, così otterrete una lunghezza di 2 m.

NB: non tagliare la corda, ma lasciala tutta intera.

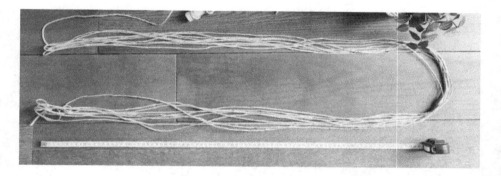

Passo 2: Infilate l'asola in un anello, facendola uscire per circa 10 cm. Adesso vi ritroverete con un anello a circa 10 cm dalla punta.

Passo 3: Fate passare tutti i fili nell'asola, cosi tale da formare un nodo all'anello.

Passo 4: Ora dividere le corde in 3 gruppi, 6-6-6 e iniziate e creare delle trecce normali.

Passo 5: Una volta che vi rimane circa 50 cm dalla fine finite la treccia e fate dei nodi per bloccare il tutto.

Passo 6: Lasciate 10 cm dal nodo e fate altri nodi classici a gruppi di due.

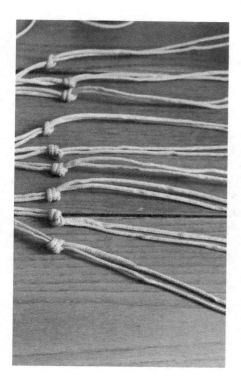

Passo 7: Ora metti insieme tutti i fili fare un ultimo nodo quadrato maxi. Taglia la restante parte delle corde e il progetto è finito!

PARALUME IN MACRAMÈ

Mi piace tantissimo la forma dei paralumi in macramè; si fondono bene con il femminile e, a seconda del tipo di lampada, si può aggiungere un tocco di creatività rendendo il progetto unico.

Materiali:

- Base della lampada, io ne ho presa una in un negozio di artigianato (medie dimensioni).

- Luce, se la tua lampada non ha la luce incorporata, dovrai cablarne una o usare un cavo di alimentazione flessibile.

- Corda in cotone

- Colla a caldo

Passi:

Passo 1: Staccare completamente la stoffa dallo scheletro della lampada. Attenzione a non andare a danneggiare lo scheletro.

Passo 2: Il primo nodo da fare è il nodo dell'allodola e userai due corde di lunghezza pari a circa 2 volte e mezzo la lunghezza dell'anello della lampada. Si avvolge la lunghezza del filo nella metà e la si avvolge intorno all'anello della lampada con il metodo del nodo di allodola.

Passo 3: Seguire il nodo dritto della croce con due nodi quadrati. I nodi devono essere stretti a sufficienza per essere fissati, ma non così stretti da rendere difficile il loro scioglimento.

Passo 4: Questa parte può richiedere un po' di tempo per abituarsi, ma diventa molto semplice se ripetuto più volte. Prendi due fili dalla corona di sinistra e due dalla corona di destra e fai un nodo quadrato a circa 5 cm di distanza.

Passo 5: Fissarlo in posizione con un nodo quadrato. Mantenere la circonferenza è ciò che farà sì che il cerchio sia allineato tra le due lampade.

Passo 6: Fare i nodi alternati con i nodi quadrati, ma assicurarsi che i nodi siano allineati in modo uniforme. Fai un paio di nodi e fai un po' di movimento, stringendo e riserrando i nodi che non ci sono più.

Passo 7: Quando hai raggiunto la lunghezza desiderata, dai un'occhiata finale all'anello inferiore della lampada. Se i nostri anelli di targa e gli anelli del braccio sono di colore diverso, è possibile staccare tutto e incollare a caldo le estremità sul lato interno.

Passo 8: E per finire, taglia l'eccesso dalle ultime due parti di ogni fascio e fissa l'estremità sul retro del nodo che lo unisce all'anello inferiore. Ora non ti resta che avvitare una lampadina e dare il via all'illuminazione!

GUFO IN MACRAMÈ

Questo gufo Macramé aggiungerà sicuramente un tocco vintage alla tua parete!

Materiali:

- Tassello da 15 cm
- Corda Macramé

- 1 perlina di legno piccola

Passi:

Passo 1: Tagliare 8 corde da 200 cm ciascuna e ricavare 2 corde da 100 cm di altezza; unire le due estremità. Attaccare le 8 corde più lunghe ad una delle corde più corte, stringendole. Numerare le corde da sinistra a destra, da 1 a 16. Prendi uno dei due lati del cordone e fai un'asola di 5 cm. Fare un altro cappio con l'altra estremità e metterlo in cima all'altro cappio per formare un nodo a spirale, avvolgere il filo verso l'interno andando verso l'alto e poi attraverso il cappio. Tirare l'estremità nella cintura per stringerla. Tagliare l'estremità e l'attaccatura.

Passo 2: Fai un nodo quadrato su ognuno delle 4 direttamente sotto ai nodi testa di allodola, fatti in precedenza (cioè legare corde 1-4, 5-8, 9-12, 13-16). Poi, alternando le corde, fai tre nodi quadrati tra i 4 nodi quadrati (Corde 3-14). Poi fai 2 nodi intorno ai 3 nodi (corde 5-12). Poi, fare un nodo quadrato sotto i due nodi quadrati (Corde 7-10).

Passo 3: Far scorrere il filo di ferro da una parte e dall'altra dell'esterno in entrambi i lati destro e sinistro (gli occhi). Fai 7 mezzi nodi doppi su ogni lato destro del corpo, lavorando dall'esterno all'interno. Dopo gli ultimi nodi su entrambi i lati, aggiungi un altro pezzo di filo di lana (questo è il filo), infilando il cordone finale a sinistra attraverso il filo a destra e l'ultimo pezzo a destra attraverso il filo a sinistra.

Passo 4: Fare 7 nodi a mezzo nodo rovesciato sulla coda, procedendo dall'esterno verso l'interno. Scendendo di 1 pollice, fare 7 nodi a mezzo nodo doppio sulla coda dall'interno verso l'esterno con un angolo di 20°. Togliendo un altro pollice, fai 7 nodi su ogni lato, dall'esterno verso l'interno con un angolo di 45°. Fai 1 nodo quadrato centrale sotto il nodo centrale (corde 7-

10).

Passo 5: Alternando le corde, esegui 2 nodi quadrati sotto il singolo nodo quadrato (Corde 5-12). Poi ci sono 3 nodi che si legano ai 2 nodi (Corda 3-14). Infine, fare 4 nodi a testa in giù e 3 nodi quadrati (corde 1-16). Poi, aggiungi i nodi 3-4 e 13-14 al filo di lana.

Passo 6: Tirare 3 nodi a destra e a manca (corde 3-14). Alterando corde, fare 2 nodi quadrati sotto il nodo singolo (Corde 5-12) e poi, fare 1 nodo quadrato dietro il doppio nodo centrale (Corde 7-10).

Utilizzando il filo messo da parte nel punto 1, fare un nodo a spirale su tutto il filo, 1 cm al di sotto del nodo singolo. Tagliare l'estremità alla lunghezza desiderata, aggiungendo un nodo finale all'estremità del filo per finire, se si desidera.

CIONDOLO DELLA COLLANA IN MACRAMÈ

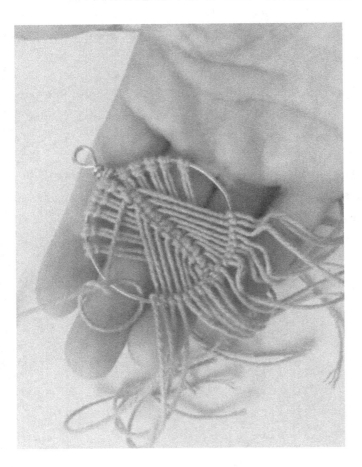

Il macramè è di gran moda oggi! Io adoro fare pezzi di macramè perché è un mestiere facile e divertente. Questa collana di macramè in realtà utilizza solo i nodi di macramè, ma i pezzi finiti sono molto più grandi.

Materiali:

- Corda macramè da 3 mm
- Filo metallico per fare il cerchio (oppure trovarne uno già fatto da 40 mm di diametro)
- Pinze per piegare il filo in un cerchio
- Corda in pelle per la parte della collana
- Portablocco

Passi:

Passo 1: Per la base della collana, è necessario fare una forma rotonda con il filo metallico. In alternativa, si possono usare anche i cerchi da 40 mm.

Passo 2: Tagliare la corda in dieci pezzi lunghi 30 cm ciascuno. Ora sei pronto a decorare la tua collana.

Passo 3: Prima di tutto devi piegare i 30 cm della corda a metà e legali tutti intorno al cerchio con nodi testa di allodola.

Passo 4: Metti 5 corde sulla sinistra e 5 sulla destra.

Assicurarsi che il peso del filo sia nel portablocco così che avrai una mano libera.

Poi, in una sola volta, fai uscire 1 corda da sinistra e 1 da destra nell'angolo. Successivamente, una stringa a sinistra e una a destra. Questo è il punto in cui si fa il primo nodo quadrato.

Passo 5: Ora fai 9 nodi al centro. Assicurati di fare tutti i nodi in questo modo. Non penso che l'aspetto sia migliore in questo modo, ma l'utente può essere soddisfatto.

Passo 6: Le 2 stringhe nella parte anteriore rimangono e si può solo fare un po' di lavoro con la parte posteriore e con la parte posteriore, e poi portare la stringa precedente sotto la parte posteriore.

Passo 7: Una volta che hai finito con tutti i nodi, premi la corda alla base del telaio.

Passo 8: Ora devi fissare la corda alla parte superiore del telaio. Assicurati che tutto sia ben stretto e ben legato tra i lati destro e sinistro.

Passo 9: Con un'altra corda, fare un cappio sopra il telaio del filo e indietro attraverso la corda per fare un nodo stretto. Ora, prendi 2 corde alla volta e annodale.

Passo 10: Una volta che hai finito tutte le corde, puoi accorciarle alla lunghezza che preferisci e tagliarne le estremità con il dito.

Ora tutto ciò che rimane è aggiungere un'altra corda e sarai pronta per indossarlo!

Consigli utili: Ora che hai fatto la tua prima collana, portai fare un paio di orecchini abbinati utilizzando un cerchio più piccolo e con soli 6 o 8 nodi!

SPECCHIO MACRAMÈ

Quello di cui hai bisogno:

- Corda macramè di cotone
- Anello metallico o di legno
- Perline di medie dimensioni di legno

Passi:

Passo 1: Tagliare quattro pezzi di corda lunghi 3 metri ciascuno. Attacchiamoli all'anello di ferro facendo un'asola con. Un nodo testa di allodola.

Passo 2: Prendere 4 fili e fare dei nodi quadrati. La stessa cosa la faremo per l'altra coppia di fili.

Passo 3: Unire tutti i fili delle due coppie con dei nodi quadrati.

Passo 4: aggiungiamo ora le perline.

Passo 5: Fai un nodo principale e inserisci lo specchio!

A me piace veramente tanto questo progetto e a voi?

Di cosa avrai bisogno:

- Anelli

- 3 mm di corda macramè
- Forbici

Passi:

Passo 1: Taglia la corda

Misurare 10 braccia di corda di macramè, due volte.

Avrai due pezzi di corda quando avrai finito.

Passo 2: Legare l'anello

Per prima cosa, prendi da una parte una corda che hai appena tagliato e fissala in alto. Tirare la corda attraverso l'anello.

Ripeti con la seconda corda

Passo 3: Create i nodi macramè

Separa i tuoi 4 pezzi di corda.

Ora esegui 59 nodi a spirale, circa. Tirate bene per creare il nodo.

Continua questo processo di creazione dei nodi fino a quando non raggiungi una lunghezza che vada bene per te.

Questo dipende dalla tua altezza e dallo spessore del tuo tappetino da yoga.

GRANDE DECORAZIONE DA PARETE IN
MACRAMÈ

Per questo fai da te avrai bisogno di usare un filato per camicie a T che sia molto elastico. Durante il taglio a misura, non ritagliare il filo, ma quando si fissa il filo principale alla superficie del lavoro, ritagliare il filo per dare una tensione migliore. Esercitati un po' di tempo per trovare il modo in cui il filo si muove, e sarà diverso per ogni tipo di filo.

Materiali:

- Filato per magliette, 74m
- Nastro adesivo

Passi:

Passo 1: Tagliare un 2 m di lunghezza. Questa sarà la lunghezza minima del progetto da cui verranno ricavati i cinque bandiere a forma di cuore.

Passo 2: Tagliare 12 lunghezze da 120 cm di filato e metterle da parte. Ripetere il passaggio 4 volte. 12 corde di lunghezza sono necessari per 1 bandiera.

Passo 3: Fissare un'estremità del filo di 2m alla superficie del lavoro con due pezzi di nastro adesivo, lasciando uno spazio di circa 25 cm tra di loro per lavorarci dentro.

Passo 4: Usando il nodo testa di allodola, attacca le 12 lunghezze sul filo principale. Ora ci dovrebbero essere 24 lunghezze di filo che pendono verso il basso.

Passo 5: Partendo da sinistra, utilizzare le lunghezze 5, 6, 7 e 8 per fare il primo nodo quadrato. Lasciare uno spazio vuoto di circa 2 cm sul lato superiore rispetto al nodo.

Passo 6: Poi, aggiungi due nodi quadrati sotto la lunghezza 3, 4, 5 e 6, e poi 7, 8, 9 e 10.

Passo 7: Poi, aggiungi tre nodi quadrati sotto al precedente usando la la lunghezza 1, 2, 3 e 4, poi 5, 6, 7 e 8, poi 9, 10, 11 e 12.

Passo 8: Ripeti i passi 5-7 con le restanti 12 lunghezze di corda sulla tua destra. Le lunghezze 5, 6, 7 e 8 diventano invece le lunghezze 17, 18, 19 e 20. In questo modo si otterranno due triangoli, che rafforzeranno la parte inferiore del cerchio.

Passo 9: Unire le due sezioni aggiungendo un nodo quadrato al centro, sotto l'ultima riga.

Passo 10: Aggiungi due nodi quadrati a sinistra e due a destra per formare una fila di cinque nodi quadrati.

Passo 11: Ora, aggiungi una fila di 6 nodi quadrati sotto.

Passo 12: Sotto di esso, sempre al centro, aggiungi cinque nodi quadrati; poi un altro nodo quadrato, poi tre, poi due e infine un nodo.

Passo 13: Ora taglia la frangia in un punto.

Passo 14: Infine, rimuovi il nastro adesivo, metti due nuovi pezzi o sulla corda principale, poi ripeti dallo Steps 4-12 più volte per finire le altre 4 bandiere a cuore.

BRACCIALETTI IN MACRAMÈ

Di seguito sono riportati alcuni modelli di braccialetti che i principianti possono provare a fare! È sicuramente una cosa divertente!

BRACCIALE IN CORDA - NAUTICO

Per chiunque, ecco un tutorial per un braccialetto abbastanza semplice - un braccialetto di corda nautica da utilizzare come portachiavi. Richiede un solo nodo e se siete capaci di creare un braccialetto di macramè è un'idea perfetta per i principianti.

Materiali:

- Corda - 30cm ciascuno (4 fili)
- 2 strisce di pelle -3,5 cm ciascuna
- Filo
- Pulsanti a scatto

- Forbici
- Ago

Passi:

1. Creare un cerchio facendo passare un'estremità della corda sull'altra.

2. Fate un cappio attraverso la seconda fila.

3. Portate la parte corretta del fondo intorno, sopra e sotto. Sembra difficile ma potete concentrarvi attentamente sui movimenti, e otterrete il nodo corretto!

4. Ripassare i passi per assicurarsi che la corda sia stata correttamente arrotolata intorno. Scegli un'altra linea di corda, poi procedi intorno al cerchio fino alla prima corda. Esegui lo stesso per l'ultima linea di corda.

5. Conduci intorno al cerchio intorno alla seconda corda. Hai già il nodo!

6. Portate la cravatta tesa. Tagliare solo su entrambi i lati delle estremità. Piega le tue strisce di pelle a metà per misurare se tiene bene le estremità.

7. Cucire i tasti pop.

8. Cucire ad un'altra linea della striscia di pelle sull'altro lato delle chiavi a scatto. Infila le estremità della tua corda nella piega della tua striscia di pelle e continua a cucire intorno ai bordi aperti per proteggerla. Ripeti sull'altra estremità del tuo braccialetto, ma ricorda che i tuoi bottoni a pressione saranno rivolti in senso opposto, altrimenti non potrai indossare il tuo braccialetto! È fatta!

BRACCIALE DELL'AMICIZIA

Materiali:

- Corda di bambù o spago di canapa
- Perline o bottoni
- Colla artigianale
- Forbici

Passi:

1.   Prima di tutto, dividete lo spago di circa 2 m di larghezza per due sezioni. Potrebbero essere dello stesso colore, ma io preferisco darne due tonalità separate.

2.   Poi, pesa circa 30 cm, poi raddoppia il filo. Ti manderà due lunghezze da 30 cm e 2 lunghezze da 182 cm. Attacca un nodo sopra; sarebbe l'anello per far scattare l'interruttore, quindi assicurati che l'interruttore vada nell'anello.

3.   Porta ora il tuo orologio sulla tua superficie di lavoro. Potreste legarlo con del nastro adesivo o legarlo a qualcosa. Si può usare una cartellina per tenerlo fermo.

4.   Separate i fili e mettete i due corti al centro e i due lunghi ai lati. Poi, prendi uno dei fili lunghi e attacca i due fili centrali attraverso di esso. Se hai creato braccialetti dell'amicizia da bambino, questo sarà un nodo molto riconoscibile. Invece, fate un secondo nodo con lo stesso filo. Alternate ora l'altro filo.

5.   Ripetere il metodo e creare due nodi. Continuare ad alternare i lati, facendo due nodi ad ogni gamba. Crea un nodo a rovescio per legare il polsino quando hai un'ampia durata (circa 15

cm di lunghezza tessuta - più o meno se il polso è più grande o più piccolo della media). Se volete, potete aggiungere un piccolo punto di colla artistica per aiutarvi a fissarlo. Se lo fissate, dovreste rompere due delle estremità della coda al nodo. Prendete due delle vostre corde esistenti e usatele per agganciare il vostro anello di chiusura. Annoda le corde sotto l'anello, poi dovresti usare un segno di colla per aiutare a proteggere ancora questo nodo. Si può recuperare molto facilmente, una volta che si ottiene la metodologia giusta.

BRACCIALE A SPIRALE IN MACRAMÈ

Materiali:

- Corda di cotone cerato. Corda di nylon, filo da ricamo o anche spago di juta

- Clip per raccoglitori

- Appunti

- Forbici

- Colla per tessuti lavabili

- Un accendino

- Righello o nastro di misura

- Ago

- Nastro adesivo (autoaderente)

Passi:

1. Comincia tagliando alla lunghezza del tuo filo di cotone cerato.

2. Collegate il filo più lungo attraverso uno qualsiasi dei vostri fili più corti. In questo modo vi ritroverete con quattro corde appese al nodo iniziale.

3. Disponete al centro le due corde più corte, poi fuori le due corde più lunghe. Le corde più corte sono considerate cavi di ancoraggio, mentre quelle più lunghe sono considerate corde di legatura. Quindi, spostare tutti i cordoni di ancoraggio sopra il filo di collegamento corretto. Spostare la legatura del cavo sinistro sopra la parte superiore della legatura del cavo destro.

4. Ora viaggiare attraverso le corde di ancoraggio la corda di legatura sinistra, e nel ciclo creato dalla corda di legatura destra. Allaccia tutte le corde insieme per fissare la cravatta. Il tuo primo mezzo nodo è ora completo! Ripeti questi passi per costruire una catena di nodi. Scoprirai che il lavoro si sviluppa spontaneamente con un solo nodo di visione. Dovresti fare un bel po' di nodi e tenere duro. Quando cominci ad avere vesciche molto presto sul palmo della mano, usa un nastro autoadesivo per coprire i polpastrelli.

5. Inizia a legare i nodi prima di arrivare al punto in cui vuoi applicare il tuo fascino. Infila il ciondolo sulla corda di legatura corretta ed esegui di nuovo quel mezzo nodo.

6. Posiziona la collana intorno al polso. Quando sei soddisfatto della lunghezza del tuo braccialetto è il momento di finirlo. Create un normale nodo a mano libera. Puoi comodamente dirigere o far scivolare la cravatta sul fondo della tua spirale di macramè annodata usando un ago da ricamo come piccolo supporto.

Una volta che ti avvicini, potresti aver bisogno di metterlo nel nodo.

- Tagliare un po' la corda.

- Infila il lavoro a dita e tienine le estremità parallele tra loro. Posiziona la tua corda al centro all'interno dei tuoi braccialetti e attacca il primo nodo quadrato al centro delle estremità parallele del tuo lavoro.

Suggerimento: La chiusura scorrevole sarà più facile da usare se non tirate i nodi del braccialetto così forte.

- Ripetere facendo i nodi in forma quadrata. La quantità dipenderà da quanto sarà largo il vostro dispositivo di fissaggio dei nodi di filatura regolabile. Direi circa 2-4 nodi in un quadrato.

- Dividi le estremità della corda che hai usato per legare strettamente i nodi quadrati al tuo lavoro e usa un adesivo di cotone lavabile per tamponarli. Il tuo nodo scorrevole è completamente regolabile.

- Usare un nodo a rovescio per legare insieme le due corde di ancoraggio e tagliare le estremità.

BRACCIALE DI SCARTI DI TESSUTO

Questo braccialetto dell'amicizia è un progetto facile. Quindi, tirate fuori quella scorta di tessuto e dateci dentro!

Materiali:

- 3 strisce di tessuto, 25 cm di lunghezza per 2 cm di larghezza
- Colla
- Tappi per gioielli

Tagliare 3 pezzi di stoffa di 2 cm di larghezza per 25 cm di altezza. Per una varietà più spessa usare linee lunghe 1 pollice. Piegare i bordi lunghi a strisce in modo che si incrocino al centro. Posare.

Piegare la striscia a metà in modo che i lati grezzi siano fusi. Meglio. Cucire per proteggere la linea. Ripetere su tutte e tre le linee. Incollare le estremità delle stringhe con una goccia di adesivo in mezzo. Posizionarle in fila. Incollare le estremità.

SOTTOPENTOLA IN STILE SCANDINAVO

Materiali:

- Un telaio da ricamo di legno (ho usato un telaio da 12 a 17 cm), alcune perline di legno e una corda di cotone (la mia è una corda da fascia di cotone da 4 mm).

- Potresti essere sorpreso da quanta corda ti servirà - io lo ero! Il telaio da ricamo da 12 cm ha una circonferenza di 46 cm (18 pollici) e ho usato 6,4 metri (21 piedi) di corda. Quindi la quantità di corda era quasi 14 x la circonferenza.

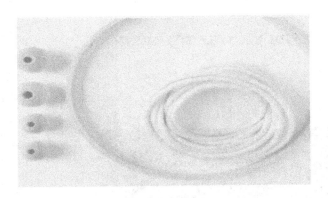

Passi:

Passo 1: Devono operare insieme per due sezioni di corda - per il sottopentola da 12 cm, il che implica due tratti di 320 cm ciascuno. Avvolgere la massa della corda per renderla più maneggevole e fissarla con un elastico.

Passo 2: Prima immagine in alto a sinistra: tenere la corda e il cerchio in un lato, lasciando una coda di circa 20 cm. Muovi la corda sopra il cerchio, giù al centro del cerchio, di nuovo sulla parte anteriore del cerchio e nell'anello che hai appena creato.

Passo 3: Fare il nodo tenendo la corda in posizione con una mano, facendo attenzione che le due estremità della corda rimangano identiche e non si arriccino.

Passo 4: Ripeti questo nodo intorno alla circonferenza del cavallo. Quindi, passare attraverso il centro del cerchio, scendere lungo la corda, sotto il cerchio e risalire l'estremità. Poi, nel cerchio. Assicuratevi che le due corde siano parallele e stringete il nodo. Strutture.

Passo 5: Le quattro code sono legate insieme con un nodo quadrato alla fine. Raddrizzare le quattro orecchie, e posizionarle in parallelo.

Passo 6: Prima foto in alto a sinistra: prendere la corda numero 4, passare attraverso le due corde al centro e sotto la corda 1.

Passo 7: Seconda foto in alto a destra: prendete la corda numero 1, fatela passare attraverso le due corde del centro e su per la corda 4. Tirate bene il nodo.

Passo 8: Terza foto in basso a sinistra: prendere la corda numero 1 sopra le due corde del centro e sotto la corda 4.

Passo 9: Quarta immagine sotto (in basso a destra): prendete la corda numero 4, passate sotto le due corde del centro e su attraverso la corda 1. Tirare bene il nodo.

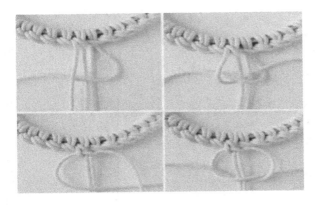

Passo 10: Collegare una perlina e attaccare un nodo a mano sotto le perline a ciascuna delle quattro orecchie di corda. Togliere la lunghezza extra delle code in modo che le perline siano messe a caso. Le estremità dei legami si sfilacciano.

Passo 11: Il più piccolo dovrebbe essere fatto senza perline se volete che i sottopentola si annidino l'uno nell'altro. Basta tagliare le code a circa 10 cm di lunghezza, fare un nodo singolo sotto il sottopentola e infilare le estremità sotto.

ORECCHINI MACRAMÈ

Materiali:

- Filato macramè
- Forbici affilate
- Pettine
- Piccoli orecchini a cerchio
- Clip o qualcos'altro per agganciare l'orecchino. Ho usato un bastoncino e una clip o si potrebbe usare una spilla per abiti

Passi:

Passo 1: Ho cercato di progettarli con un nodo semplice in modo che non finissero per essere troppo grandi.

Passo 2: Ho scelto di usare il nodo quadrato veloce e rapido. Faremo solo 3 nodi quadrati per orecchino.

Vedrete tutti i miei scarti sopra nella foto, che ho ottenuto aprendo i fili. Si disintegrano in 4 fili.

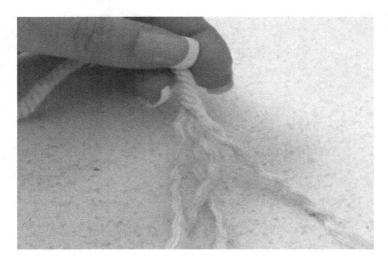

Passo 3: Li ho stesi e poi ne ho messi due sugli orecchini per le anse superiori. Il motivo per cui li ho aperti prima è perché mi piaceva di più l'aspetto e perché non volevo prendere tutto il filo per appesantire gli orecchini.

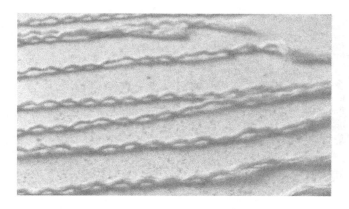

Li ho intrecciati sopra l'orecchino del cerchio che è allo stesso modo il modo in cui si inizia qualsiasi macramè appeso al muro.

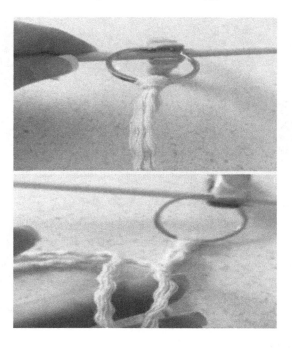

Potete vedere i due fili sopra e sotto vi sto mostrando come si forma il cerchio. E' davvero molto veloce.

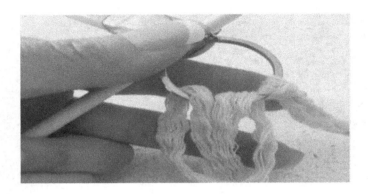

Passo 4: Per far crescere il cerchio usare 4 fili di 2 loop, come si può vedere qui sotto:

E' dopo che i nodi quadrati entrano in gioco.

Passo 5: La chiave per il nodo quadrato è alternare quale filo state sovrapponendo in primo piano. Se non alternate allora farete un nodo a spirale che anch'io uso e amo ma che non volevo per questo progetto.

Qui sotto c'è l'esatta configurazione del nodo a tre quadrati che ho attaccato ai cerchi. Ve lo sto mostrando in una versione perduta in modo che possiate vedere meglio il modo in cui è impostato. Per gli orecchini macramè però ho tirato tutto ben stretto.

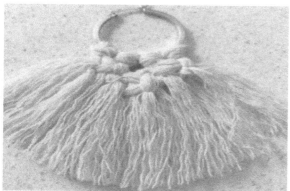

Alla fine basta pettinare le estremità aperte e dare loro un taglio per arrivare alla forma desiderata degli orecchini macramè.

PORTACHIAVI IN MACRAMÈ

Materiali:

- Corda di cotone naturale da 3/16
- Perline
- Filo da ricamo o filato
- Piccolo elastico
- Forbici

Passi:

Come fare portachiavi con nodi quadrati

- Si inizia con due pezzi di corda di circa 50" per entrambi. Legare attraverso uno con un nodo testa di allodola attraverso il portachiavi, rendendo la lunghezza del cordone circa 2/3 dei fili esterni.

- Per il portachiavi, creare circa cinque nodi quadrati, collegare il perno, creare un mezzo nodo quadrato sotto di esso, e legare il resto in una nappa.

- Usa i tuoi colori preferiti di filo da ricamo per dare alla tua nappina uno stile perfetto.

- Dividi le estremità del filo, taglialo e hai finito!

Come fare portachiavi con perline e nappe

- Cominciare legando un pezzo di filo da 10-16" al vostro portachiavi con un nodo testa di allodola.

- Aggiungere le perline.

- Tagliare il filo per una nappa

- abbiamo usato circa 20 pezzi di filo. (Fallo due volte più grande come ti piace la nappa.) Concentrarlo sotto la perlina e fissarlo con un nodo veloce. Stringere e nappare i bottoni, poi raddoppiare la cravatta.

- Piegate la nappa a metà e usate le misure delle nostre indicazioni scritte per coprire un collo con lana o filo da ricamo.

- Tagliare le estremità. Questo è tutto!

ACCHIAPPASOGNI IN MACRAMÈ

Materiali necessari:

- Anello da 40mm
- Anello da 175 mm
- Anello da 420 mm
- Spago

Istruzioni:

Usando un anello da 40 mm, fare i nodi testa di allodola all'anello, e poi creo una spirale lavorando con un mezzo nodo di torsione.

Vado a spirale fino a quando sono pronto ad aggiungere il prossimo anello da 175 mm.

Lo spago diventa una serie di nodi a testa di allodola che si dirige tutto intorno sull'anello da 175 mm (facendolo sembrare una creatura marina), in questa fase c'è una tonnellata di spago da utilizzare!

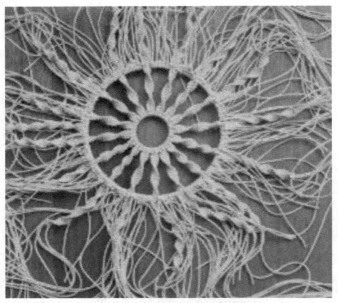

TENDA IN MACRAMÈ

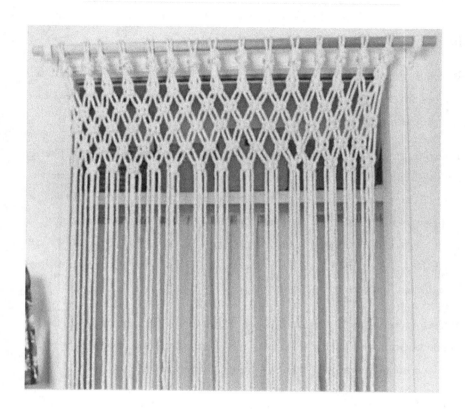

Materiali necessari:

- Corda
- Tassello di legno / asta per tende
- Nastro adesivo
- Forbici

Passi:

Passo 1: Collegare i quattro fili insieme sulla tavola di schiuma e posizionare gli spilli nel nodo superiore e nella parte inferiore dei due fili centrali per tenerli in posizione.

Passo 2: Prendi il filo esterno destro (rosa) e spostalo sopra gli altri due fili verso sinistra. Prendete il filo esterno sinistro (giallo) e spostatelo sotto il filo rosa, tra i fili centrali, poi sopra il filo rosa sull'altro lato.

Passo 3: Stringete i due fili. Stai per invertire quello che hai fatto nel primo passo! Prendete il filo più esterno a sinistra (che ora è quello blu) e mettetelo sopra il centro dei due fili. Prendete il filo destro più esterno (ora quello giallo) e spostatelo sotto la linea rosa, tra i due fili centrali, e sopra il blu dall'altra parte. Tirare questi due fili fino a formare un nodo con i fili della fase precedente. È la parte più difficile di tutte! Il resto dei passi non faranno altro che ripetere questi movimenti di base.

Passo 4: Replicare le misure 1-3 con altri quattro fili per creare un nodo simile al primo nodo. Prendi i due fili a destra del primo nodo e crea una nuova comunità con i due fili a sinistra del secondo nodo.

Passo 5: Replicate il nodo originale per la nuova comunità prendendo il filo esterno destro (viola) e spostandolo a sinistra sopra il centro dei due fili. Prendere la spiaggia esterna sinistra (verde) e spostarla sotto la spiaggia viola, dietro la spiaggia centrale e sopra la spiaggia viola dall'altra parte.

Passo 6: Stringete i due fili. Prendete il filo sinistro più esterno (che ora è quello rosso) e mettetelo sopra il centro dei due fili. Prendete il filo destro più esterno (ora quello verde) e passatelo sotto il viola, dietro i due fili centrali, e attraverso il viola dall'altra parte. Tirare i due fili per chiuderli.

Passo 7: Dividete la comunità centrale di fili spostando i due fili più a sinistra e i due fili più a destra. Ripetete il nodo semplice per entrambi i gruppi e iniziate questo ciclo fino a quando non avrete completato tutte le file che volete.

Passo 8: Prima di creare la tenda vera e propria, ho prodotto 14 gruppi di corde, ognuno dei quali aveva quattro corde, tutte larghe 100 pollici. Ho scoperto che c'era un nodo intelligente nella parte superiore della tenda per tagliare due fili di corda che erano il doppio della lunghezza richiesta (quindi 200 pollici) e poi ho appeso i fili sopra l'asta nel punto centrale e ho stretto il nodo per costruire un gruppo di quattro fili.

Passo 9: Vedrete che questa è fondamentalmente la stessa teoria di fare i nodi semplici nella fase del filato, ma solo su una scala molto più grande. Ho appena fatto il nodo di base vicino alla cima di tutti i 14 gruppi, e poi ho fatto un'altra fila di nodi sotto e tra quei nodi (come nelle istruzioni del filato). Poi mi sono spostata giù per un'altra fila e ho messo i nodi sotto i nodi originali e ho continuato ad alternare le file di nodi fino a quando ho fatto tutte le file di cui avevo bisogno. Assicuratevi di stare indietro quando fate i nodi e assicuratevi di formare i nodi in file diritte. Ho tenuto il righello pronto in modo da poter controllare la differenza tra ogni nodo di una fila e l'asta di legno della tenda e assicurarmi che funzionasse. Non appena ho completato cinque file di legami, ho lasciato il resto dei fili appesi per completare la tenda.

Passo 10: Una volta che avete finito di intrecciare le corde, appendere la vostra nuova tenda nel punto desiderato. Per fermarsi, legare il nastro adesivo (o altro nastro bianco) attraverso le estremità dove la corda incontra il pavimento (la mia tenda è 6 1/2 piedi di altezza). Rompere il nastro, lasciando 2/3 a metà del nastro intatto sulla corda. Questo aiuterà le estremità a non sfilacciarsi durante la notte.

BOHO MACRAMÈ APPESO AL MURO

I nodi che userai sono:

- Nodo testa di allodola

- Nodo quadrato a sinistra

- Nodo a mezzo punto

- Nodo a spirale

Avrete bisogno delle seguenti forniture:

- Corda di iuta o qualsiasi tipo di corda per appendere il tuo tassello al muro.

- Tassello di legno o ramo

- corda per stendibiancheria

- Ho appena preso un po' di corda bianca stendibiancheria, ma è possibile utilizzare qualsiasi corda che si desidera. Sto usando una corda di cotone bianco in questo tutorial, ma si può anche usare una corda di colore naturale. Sto usando una corda di cotone bianco in questo tutorial, ma si può anche ottenere una corda di colore naturale.

Materiali:

- Una bella matassa di cotone
- Forbici

Passi:

Passo 1: Appendere il tassello al muro. Iniziare tagliando 12 pezzi di corda, due lunghezze del corpo. Per misurare due lunghezze, basta mettere un'estremità della corda nella mano sinistra ed estenderla verso sinistra. Prendi il centro della corda con la mano destra e portalo al pavimento. Questa è una lunghezza del corpo, con la mano sinistra prendi l'estremità della mano destra e la estendi di nuovo a sinistra. Queste sono due lunghezze del corpo. Tagliate la corda.

NOTA: ho usato una lunghezza del corpo nella mia foto sopra, ma col senno di poi, penso che due sarebbero state meglio. Vi suggerisco di farlo, in modo che la vostra corda sia appesa più a lungo. Ho usato 400FT per il mio progetto, ed è per questo che vi consiglio di acquistare 800Ft in modo che il vostro progetto finirà per essere finito in bellezza.

Passo 2: Fissare le corde al tassello usando un nodo testa di allodola.

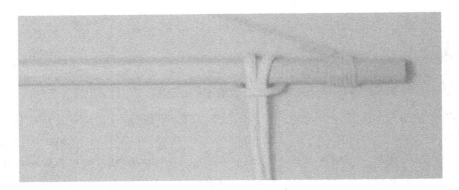

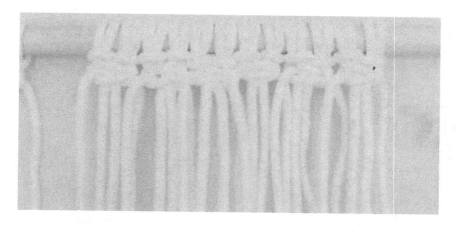

Passo 3: Prendete quattro anelli di corda e fate un nodo quadrato al centro. Stiamo per creare una forma a V quindi tienilo a mente mentre lavori insieme.

Continua a destra e salta i prossimi due pezzi di corda e fai un nodo quadrato nei prossimi quattro pezzi di corda. Fare lo stesso per l'altro lato.

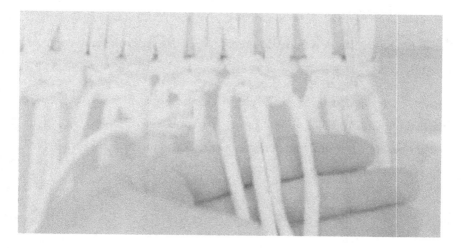

Passo 4: Prendere i due fili di corda dal nodo quadrato che hai appena lavorato, e i due fili di filo saltati. Fate il prossimo nodo quadrato con i quattro fili. Fate la stessa cosa per l'altro lato.

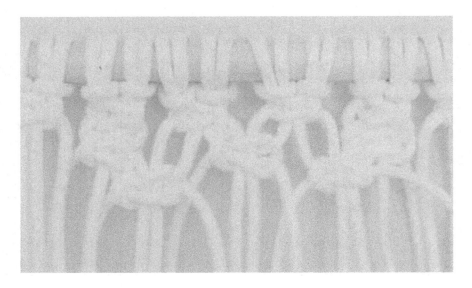

Passo 5: Poi, prendi i due fili che hai appena utilizzato, e i due fili di corda dal nodo centrale, ed esegui un nodo quadrato. Fate la stessa cosa sull'altro lato

Passo 6: Unisci i lati con un nodo quadrato per dare la forma a V, come nel disegno. Con questi quattro fili centrali, fai un nodo quadrato.

Passo 7: Lavora con un nodo quadrato vicino che non è stato lavorato, e prendi il filo sinistro della corda. Questa sarà la tua corda di piombo. Fai un mezzo nodo lungo il lato. Stai per operare qualsiasi linea lungo il lato della V. Fai lo stesso per l'altro lato.

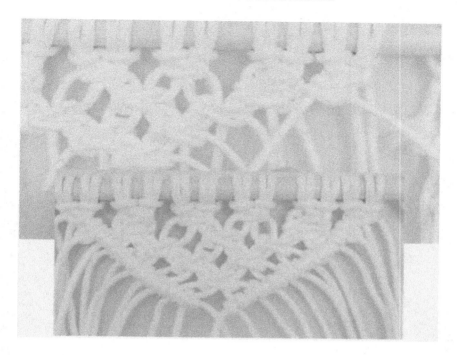

Passo 8: Salta due anelli di corda e fai un nodo quadrato.

Passo 9: Continua a lavorare lungo il lato, usando due fili del precedente nodo quadrato, fino ad averne tre su ogni lato.

Passo 10: Incrociare la corda del mezzo nodo e il con un nodo quadrato al centro.

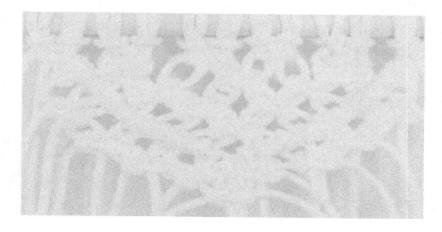

Passo 11: Esegui questo disegno altre 2 volte in modo da avere un minimo di 3 forme di V.

Passo 12: Ora useremo un nodo a spirale per unire le forme a V. Prendi i due fili di corda dalla forma a V di sinistra e due dalla forma a V di destra e fai il tuo nodo a spirale. Opererai 2 nodi a spirale qui.

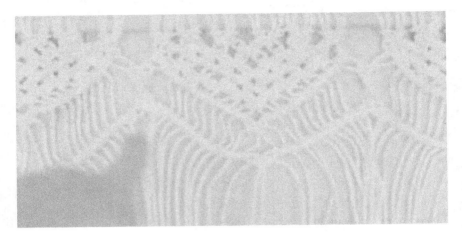

Passo 13: Prendete altri due fili di corda e attaccate il nodo testa di allodola al tassello di sinistra. Lavora un nodo quadrato. Lasciando una leggera distanza di 1/2 pollice in cima al nodo quadrato, fate un nodo a spirale. Cinque nodi per essere esatti. Fate la stessa cosa sul lato destro.

Passo 14: Ora, stiamo andando a portare tutto insieme utilizzando un mezzo nodo di collegamento su ogni forma a V. Per fare questo, il tuo cavo principale sulla sinistra sarà il nodo a spirale che hai appena creato, e userai i tuoi due fili del nodo a spirale centrale da sopra. Si unirà così. Aggiungerete poi un nodo quadrato ad ogni punto della V per unirlo.

Passo 15: Amo molto questa fase, perché potete renderla molto divertente! Rompere le due lunghezze di corda insieme. Usare un doppio nodo tradizionale per legarlo all'estrema sinistra del tassello. Lasciate cadere la corda e legatela al centro del piatto. Fate la stessa cosa per l'altro lato. Prendendo un breve filo di corda, attaccalo delicatamente al centro in modo che si drappeggi tra i due fili che hai appena creato.

Dovrebbe assomigliare a questo. Usa una serie di nodi testa di allodola, aggiungili alle linee che hai costruito fino a riempirle.

Passo 16: Tagliare il bordo e pulire i lati.

Passo 17: Aggiungete del verde ai bordi, o è bella così com'è!

SEDIA DA GIARDINO IN MACRAMÈ

Materiali:

- Telaio della sedia pieghevole in alluminio
- 185m di corda macramè da 6mm. Abbiamo usato 91m grigio, 46m verde, 23m rosa e 23m giallo.
- Due uncini in plastica 15.75/16mm

Passi:

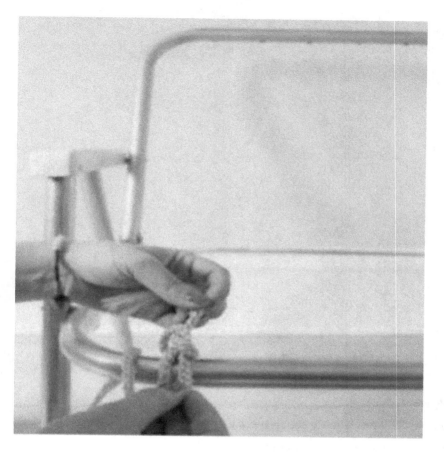

Passo 1: Sul lato anteriore sinistro della sedia, fare un nodo quadrato intorno al lato sinistro della barra anteriore.

Passo 2: tirare la corda fuori dalla parte posteriore della sedia e fino alla barra superiore. Crea un cappio e tiralo sopra la parte anteriore della barra superiore e indietro a sinistra.

Passo 3: Mettete l'uncinetto nel cappio e prendete l'estremità libera del cordone. Mettete l'uncinetto sul retro della sedia.

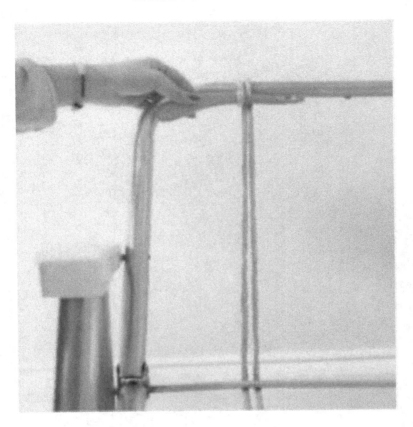

Passo 4: Porta la corda sul retro dell'imbracatura. Costruisci un cerchio e trascinalo sopra la parte superiore della barra anteriore e giù fino alla parte inferiore, proprio come hai fatto nel passo 2.

Passo 5: Inserire il gancio nel cerchio. Per creare tensione, tirare la corda sciolta. Di nuovo, mettere il gancio sul retro della sedia.

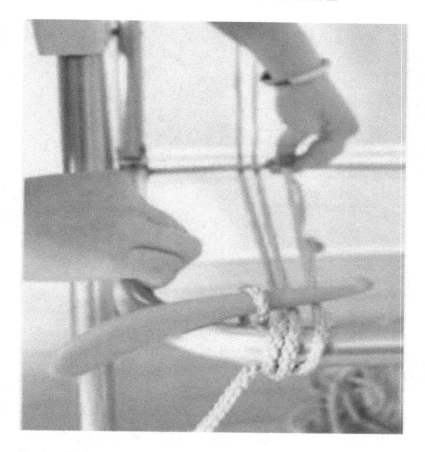

Passo 6: Tirare la corda fuori dalla parte posteriore della sedia e fino alla barra superiore. Creare un nuovo cappio.

Passo 7: Tirare la corda davanti alla barra superiore e a sinistra dell'ultima corda verticale che hai fatto.

Passo 8: Collegare l'anello appena fatto. La corda del tuo uncinetto ora collegherà i due cordoni verticali a destra.

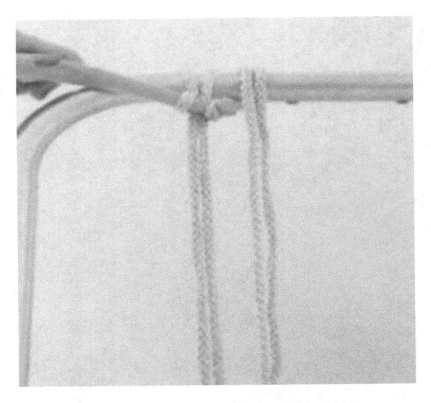

Passo 9: Prendete l'anello e portatelo attraverso l'anello che avete costruito nella fase 2, formando un punto catenella. Lasciate riposare l'uncino nell'anello.

Passo 10: Tirare la corda sciolta verso il retro dell'imbracatura. Costruisci un anello e trascinalo sopra la parte superiore della maniglia anteriore.

Passo 11: Tirate il cappio intorno alla barra superiore a sinistra dell'ultima corda verticale che avete fatto.

Passo 12: Usando l'uncinetto, agganciare il nuovo cappio.

Passo 13: Tirate il nuovo occhiello attraverso l'occhiello che avete fatto nel passo 5, creando un punto catenella. Tirate la vostra corda sciolta e tesa. Lasciate riposare l'uncinetto nell'occhiello.

Passo 14: Ripetete i passi 6-13 fino a creare 59 cordoncini verticali. A questo punto sarai arrivato all'angolo in alto a destra della sedia.

Passo 15: Per finire il cordone verticale, prima tagliate il cordone dalla gonna, lasciando circa 120. Tirare la corda attraverso l'ultimo occhiello, rimuovere il gancio. Portare il cordone giù dietro il rinforzo posteriore e sopra la barra anteriore, poi attraverso l'occhiello del gancio. Tirare e finire con un nodo quadrato. Ora hai 60 corde verticali, e sei pronto per iniziare a legare orizzontalmente il sedile e lo schienale della sedia - entrambi usando esattamente la stessa tecnica.

Passo 16: Create un altro nodo quadrato nell'area in basso a sinistra dove lavorerete (sedile o schienale). Crea un cappio con la tua corda e intreccialo attraverso la corda verticale secondo lo schema che stai seguendo.

Passo 17: Tirate il cappio sopra la barra destra e portatelo giù e sotto i cordoni orizzontali appena fatti nello stesso modo in cui avete creato il cordone verticale. Inserite il gancio e tirate l'estremità libera (ora sul lato sinistro). Lasciare il gancio a riposo nell'occhiello.

Passo 18: Costruisci un cappio con una corda sciolta sul lato sinistro del telaio della sedia. Portare il cappio sopra la parte superiore della barra sinistra e sotto la corda orizzontale appena creata. Inserire il gancio nell'anello e tirare la corda. Lasciare il gancio a riposo nell'occhiello.

Passo 19: Costruire un occhiello e procedere a infilare il filo attraverso il cordone verticale secondo il modello.

Passo 20: Ripetete i passi 16-18, tirando il cappio appena creato attraverso l'occhiello dell'uncinetto per ogni passaggio, fino a raggiungere la 55° fila orizzontale del modello. Finisci il cavo orizzontale come hai finito il cavo verticale. Ci si aspetta di avere un minimo di 56 cavi orizzontali.

Passo 21: Per finire, taglia le estremità del cavo a 2,5 cm, poi usa la fiamma per sciogliere l'estremità del tuo cavo e premilo in una posizione discreta sul lato inferiore della tua sedia. Ora trovate un angolo soleggiato del giardino e posizionatela!

La sedia da giardino fai da te è completa.

SEGNALIBRO IN MACRAMÈ

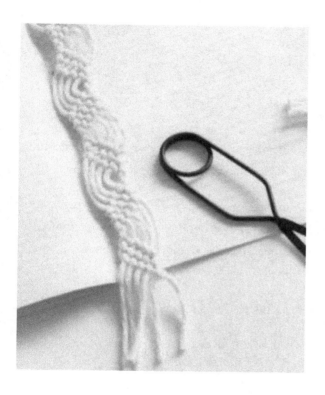

Non perdere mai di vista le tue letture preferite con questo segnalibro in macramè!

Filati da utilizzare: 100% cotone bianco sporco (il prezzo dipende dalla lunghezza del segnalibro)

Strumenti e materiali:

- Portablocco
- Forbici
- Righello

Nodi utilizzati: Mezzo nodo

Passi:

Passo 1: Tagliare 6 pezzi di filo 5 volte la lunghezza del segnalibro. Lasciando circa 5 cm di filo, fissare i fili al portablocco per iniziare ad annodare.

Passo 2: 1a fila da destra a sinistra, legare i primi 2 fili con un mezzo nodo. Legare la seconda metà del nodo con il secondo e il terzo filo. Continuare a fare altri 3 mezzi nodi per completare la fila, usando sempre un mezzo nodo precedente e il filo successivo.

Passo 3: 2a-3a fila da destra a sinistra, fare 5 mezzi nodi per ogni fila.

Passo 4: 4a fila da sinistra a destra, collegare 5 mezzi nodi lasciando circa 1,5cm.

Passo 5: 5°-6° fila da sinistra a destra, fare 5 mezzi nodi per ogni fila.

Passo 6: Continuare questo schema a zig zag fino alla lunghezza desiderata.

Passo 7: Tagliare le due estremità in modo pulito e regolare alla lunghezza desiderata.

COLLANA DI FILATO DI MAGLIETTA

Usa il ricco colore viola, come mostrato nell'esempio, o usa colori più chiari per adattarti al tema estivo.

Se hai sempre voluto essere coinvolto nella creazione di filati per t-shirt, questo è il progetto perfetto per iniziare! Intrecciare i filati è proprio come creare braccialetti dell'amicizia su una scala più grande, e il risultato finito è così perfetto!

Materiali

- Forbici standard
- Due perline di legno di marmo viola, ognuna con un diametro di 1 cm circa (anche 0,7 mm va bene)
- Rotolo di filato rosa, grigio e viola
- Ago e filo 100% nylon
- Perlina di legno viola reale con un diametro di 1 cm
- Ago da rammendo (per infilare il filo nella perlina)

Passi:

Passo 1: Tagliare nove lunghezze di filo per magliette, ognuna con una lunghezza di circa 1 m

Passo 2: Infilare tre fili attraverso la perlina di marmo viola (perlina 1 nella foto). A seconda delle dimensioni del foro della perlina, potrebbe essere necessario infilare un filo alla volta. Decidere dove la perlina deve essere posizionata e utilizzare tutte e tre le corde per fare un nodo sopra la perlina. Intrecciare le tre corde sotto il filo; la treccia sarà circa 18 cm di larghezza. Usare un pezzo di abbigliamento per proteggere momentaneamente la treccia prima di creare un nodo largo nella fase 4.

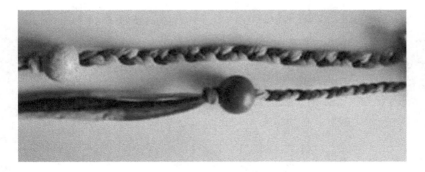

Passo 3: Infilare le tre corde rimanenti attraverso la perlina viola (perlina 2 nela foto). Usare tutte e tre le corde per creare di nuovo un nodo sopra la perlina. Intrecciare le tre corde sotto la perlina - questa treccia sarà circa 9 cm di larghezza. Usare un pezzo di abbigliamento per fissare temporaneamente la treccia.

Passo 4: Infila i tre fili rimanenti nella seconda perlina di marmo viola (perlina 3 nella foto). Riunire tutte e nove le corde per formare un nodo maggiore sotto la perlina 3.

Passo 5: Raccogliete le estremità delle tre corde sopra la perlina 1 e legatele con un punto indietro. Fare la stessa cosa per le tre corde sopra la perlina 2, e le tre corde sopra la perlina 3. Ora, legare tutte le nove stringhe insieme, utilizzando un punto indietro di nuovo.

Passo 6: Raccogliete le estremità delle nove corde sotto la perlina 3 insieme e usate un punto indietro per legarle strettamente insieme.

Passo 7: Tagliare le estremità più corte sotto la cucitura. Metti le due estremità della collana l'una sull'altra, cioè l'estremità sopra le perline e l'estremità sotto le perline, e usa il punto indietro per legarle insieme in modo pulito.

Passo 8: Tagliare dal rotolo un pezzo sottile di filo di maglietta. Avvolgi questo pezzo strettamente intorno al punto in cui le due estremità sono state attaccate e usa il punto indietro per proteggerlo.

CINTURINO PER MACCHINA FOTOGRAFICA IN MACRAMÈ

Materiali:

- Corda macramè
- Chiusure girevoli
- Mollette
- Colla industriale
- Forbici

Tempo di realizzazione: 1 ora (più il tempo di asciugatura della colla)

Passi:

Passo 1: Tagliare due lunghezze di filo macramè, 4 metri ciascuna.

Passo 2: Piegare ogni lunghezza di corda in modo che ci sia 1 metro da una parte e 3 metri dall'altra. Inserisci i punti medi attraverso la parte piatta di una chiusura girevole, tenendo le estremità lunghe dei fili all'esterno.

Passo 3: Portare le estremità di ogni filo nell'occhiello corrispondente e far passare il filo attraverso la chiusura.

Passo 4: Iniziate a fare il nodo quadrato. Prendi il cordone più a sinistra (dovrebbe essere lungo), incrocialo sopra il centro dei due cordoni, e sotto il cordone più a destra (l'altro lungo). Poi mettete la corda giusta sotto le due centrali e su e giù per la linea sbagliata. Togliete questa corda tesa. Questa è circa la metà del vostro nodo quadrato.

Passo 5: Completate il nodo quadrato facendo il contrario della mossa 4. Incrocia la corda destra sopra il centro due e sotto la corda sinistra, poi incrocia la corda sinistra sotto il centro due e sopra la corda destra. Spingi in tensione, e hai completato il nodo quadrato.

Passo 6: Continua a fare i nodi quadrati fino a quando non hai la lunghezza corretta della tua corda della macchina fotografica.

Passo 7: Taglia le estremità delle quattro corde. Attacca le quattro corde in un altro blocco girevole. Mettere una goccia di colla all'estremità di ogni corda, piegare le corde sopra la chiusura, e tenere le corde in posizione mentre la colla si asciuga.

Quando la colla è calda, rimuovete i fermagli e aggiungete l'imbracatura al vostro telaio! Amo il cordone di macramè per l'imbracatura della macchina fotografica, perché è molto sottile e leggero, quindi è sicuro intorno alla schiena.

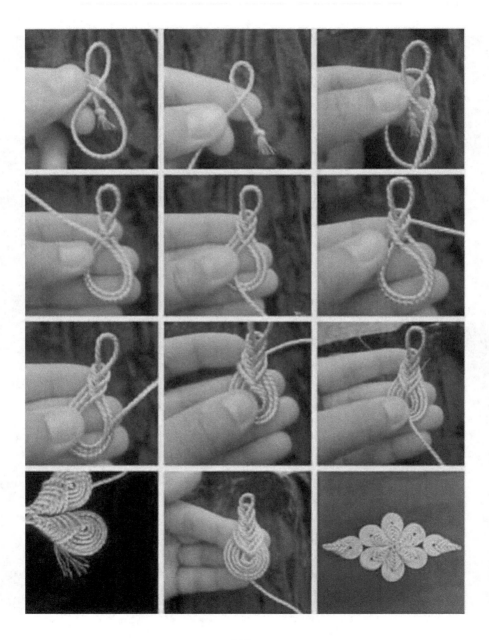

Il macramè è anche considerato un metodo di annodatura molto robusto; tuttavia, quando è impiegato con corde delicate, è un micro macramè squisito. Per stabilire un arcobaleno, guarda attraverso questa bella spilla, scegli i colori corrispondenti.

Nodi utilizzati: Nodo a testa di allodola

Questo è un progetto molto bello ma anche un po' complicato, tuttavia consiglio di farlo una volta che avrete preso maggiore dimestichezza con il macramè.

Materiali:

- Corda e spilla
- Pannello di schiuma Core
- Nastro adesivo
- Spilla posteriore
- 20 centimetri di filo metallico da 1 millimetro
- 2 m di spago

FARFALLA IN MACRAMÈ

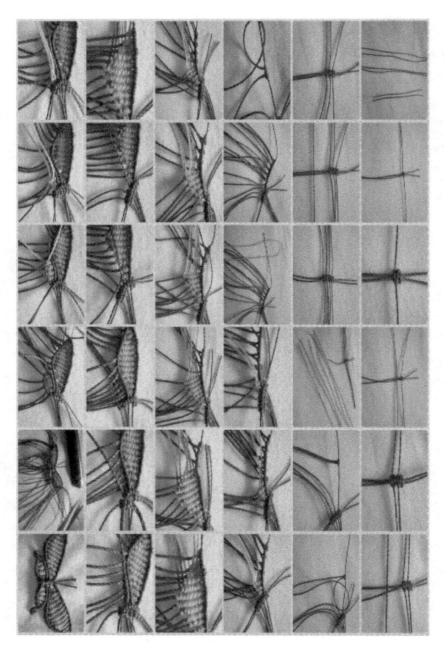

La spilla a farfalla è semplice e facile da costruire ed è una cosa perfetta per i principianti.

Nodi utilizzati: Nodo quadrato

Materiali:

- 90 cm di canapa di 1 millimetro di spessore
- Tre perline di legno
- Nastro adesivo
- Spilla per gioielli
- Supercolla

Passi:

Passo 1: Dividere la corda di canapa in 3 lunghezze di 30 cm ciascuna.

Passo 2: Spostare una perlina sulla corda e spostarla dalla piega di circa 5 cm.

Passo 3: Mettete le altre due corde e infilatele sotto i fili incrociati sotto la perlina.

Passo 4: Create un nodo quadrato vicino alla perlina usando un doppio filo di corda.

Passo 5: Muovete il nodo per raggiungere il nodo iniziale. Esso forma la parte superiore della farfalla. Spostate il nodo per seguire il primo nodo.

Passo 6: Mettete le due perline seguenti sul filo.

Passo 7: Trascinate il nodo fino all'ultima perlina e formate le piume inferiori della farfalla.

Passo 8: Trascinate il nodo nell'ultima perlina.

Passo 9: Con l'ultimo nodo quadrato, mettete una piccola spruzzata di colla. Lasciate asciugare completamente.

Passo 10: Dividete i due fili oltre l'ultimo nodo.

Passo 11: Potare le corde di ancoraggio dell'ultimo nodo

Passo 12: Proprio in corrispondenza della piega, rimuovere le stringhe di piegatura.

Passo 13: Fare un nodo per ogni stringa per creare le antenne della farfalla.

Passo 14: Pulire intorno ai nodi.

Passo 15: Attaccare la farfalla finita sulla spilla del gioiello.

BORSA PER PRODOTTI IN RETE

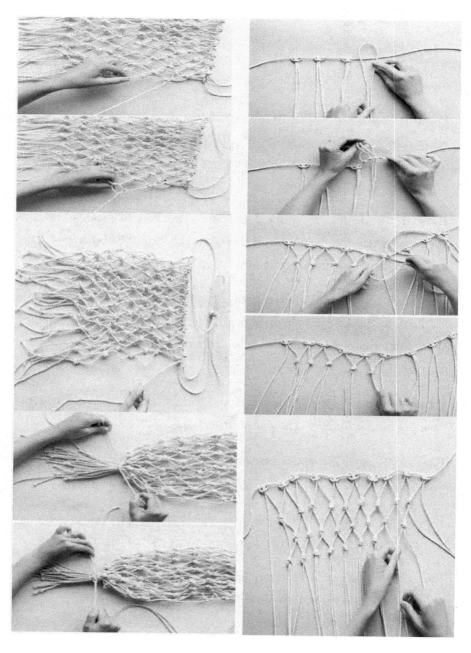

Materiali:

- Cordoni di macramè
- Un paio di forbici

Passi:

Passo 1: Tagliare la corda a 18 fili e assicurarsi che ognuno di essi sia lungo 2,4 m. Taglierete anche un filo principale che annoderà tutti gli altri a circa 2 m in totale. Piegare a metà il cordone e poi farlo passare attraverso il filo principale.

Passo 2: Tirarlo strettamente e continuare a scendere la linea. Si vorrebbe che fossero vicini, entro un 1,2 cm, in modo che i fori sulla borsa non siano troppo grandi. Muoviti di circa 50 cm lungo la linea principale.

Passo 3: Dopo aver raggiunto la linea di fondo o essere andato fino in fondo alla linea, inizierai a raccogliere un pezzo da ciascuno dei nodi per collegarli al secondo strato dei nodi, lasciando contemporaneamente una stringa da staccare.

Passo 4: Ripeti lo stesso processo di annodatura con l'altro lato. Creerete i nodi per tutto il fondo e la lunghezza della borsa.

Passo 5: Piegate il filo a metà e prendete il filo in più che è stato lasciato fuori al punto 2.

Passo 6: Poi intreccerai le corde non attaccate attraverso gli altri due lati mentre fai i nodi creando dei nodi tra ogni anello per collegarli insieme.

Passo 7: Prendete un altro pezzo di corda per fare un nodo in basso davanti e dietro, tagliando anche il fondo della frangia.

Passo 8: Prendete un'altra corda in più da quella della linea principale e fate un nodo ad essa in fondo per fare una tracolla.

L'anello finale di 420 mm ora è collegato.

CINTURINO OROLOGIO DA POLSO

Se sei alla ricerca di modi per rendere più piccante il tuo orologio da polso, beh, questa è la tua occasione! Fate uso di questo modello e otterrete ciò che desiderate!

Materiali:

- Anelli di salto
- Chiusura
- Terminali di crimpatura da 2mm (puoi scegliere un'altra misura, a seconda delle tue preferenze)
- Filo da ricamo o artigianale
- Orologio con passanti per cinturino

Passi:

Scegli i tuoi tipi di filo, così come i loro colori. Prendi almeno 10 fili lunghi per ogni lato dell'orologio.

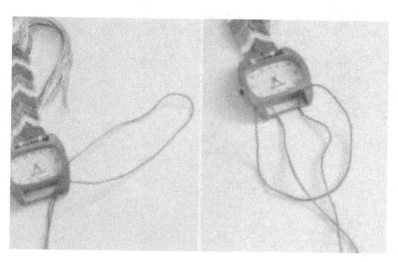

Lega ogni filo sui passanti dell'orologio e infilalo come faresti con un normale braccialetto o collana Macramé.

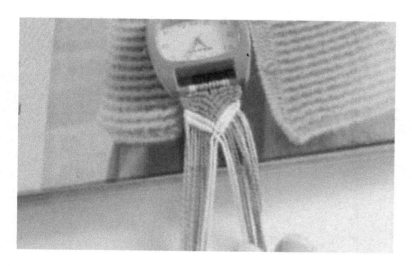

Intrecciate strettamente le estremità se volete renderlo più elegante e tagliate le estremità. Brucia con l'accendino per fissare prima di mettere gli anelli di salto e la chiusura.

Indossalo e goditelo!

CONCLUSIONE

L'entusiasmo per il macramè si affievolì per un po' di tempo, ma tornò presto a crescere negli ani '70 grazie agli hippy americani. Con il macramè venivano prodotte collane, braccialetti con le conchiglie. Ora tutto è cambiato, si possono realizzare delle cose impensabili, dagli orologi alle sedie.

Il macramè è un'arte molto affascinante e carismatica, che può dar vita, grazie a un piccolo tocco di creatività e con un po' di conoscenza dei nodi di base, a dei capolavori, che decoreranno la tua casa, il tuo giardino, e la tua persona. Infatti, esistono molti progetti realizzabili che, a lavoro finito, si possono indossare. Questo libro è nato con l'obiettivo di far risplendere le persone che siete, di tirarvi fuori quell'aspetto nascosto di voi stessi, che ancora non conoscevate.

Grazie ancora per aver acquistato il libro!

CPSIA information can be obtained
at www.ICGtesting.com
Printed in the USA
BVHW060731050521
606421BV00003B/312